小学校編　上巻

# ほけん
# イラスト
# ブック

モノクロ＆カラー・文例付き

少年写真新聞社

# 目　次

この本の構成 …………… 4
DVD－ROM の構成 ………… 4
DVD－ROM の使い方 ……… 5

### 第1章　新年度の保健室…… 8
保健目標／保健室の○○です／健康観察のお願い／学校医の先生を紹介します／こんなときは保健室へ行きましょう／保健室を利用するときは…／けがのひとはかきましょう／健康観察連絡票

### 第2章　健康診断…… 12
健康診断の目的／健康診断の前には…／健康診断前チェックシート／健康診断の結果について／測定・検診のときに注意すること／測定（身長・体重）／身長の測り方／体重の量り方／内科検診／「脊柱側わん症」とは？／結核検診／結核／心電図検査／歯科検診／歯科検診で学校歯科医の先生は何を言っているの？／視力検査／眼科検診／耳鼻いんこう科検診／聴力検査／尿検査をする前に／「おしっこ」から何がわかるの？／健康診断項目一覧

### 第3章　すいみん・朝ごはん・運動…… 22
「レムすいみん」と「ノンレムすいみん」／なぜ「夢」を見るの？／なぜ夜にねむくなるの？／よくねむるといいことがいっぱいあるよ！／すいみん不足になると…／「低体温」はすいみん不足のサイン／動物のすいみん時間は？／すいみんのじゃまをする夜の光／ぐっすりとねむるためには…／早起きをして、朝日を浴びよう！／「朝ごはん」ってすごい！／朝ごはんで脳を目覚めさせよう／朝ごはんでウオーム・アップ／どんな朝ごはんがいいの？／おいしく朝ごはんを食べるには？／朝食をしっかりと食べて「朝うんち」をしよう／運動をするとどんないいことがあるの？／運動不足になると…／運動を習慣として続けるためには／生活習慣チェックをしよう

### 第4章　消化の仕組みとうんち…… 30
食べ物がうんちになるまで／消化器官の働き／うんちチェックをしよう！／うんちの色とタイプ／健康的な「バナナうんち」を出すには／おなかが痛くなったら（主な原因と対処）／過敏性腸症候群って何？

### 第5章　歯と口の健康…… 34
子どもの歯 大人の歯／「子ども」から「大人」に生えかわる歯／歯の断面と役割／前歯・犬歯・おく歯の役割／動物の歯はどうなっているの？／むし歯と歯肉炎／歯をとかしていく「むし歯」／むし歯ができる仕組み／「歯肉炎」って何だろう？／歯肉炎と歯周炎のちがい／「歯こう」って何だろう？／歯こうがたまっていくと…／むし歯・歯肉炎を予防するポイント／「歯こう」を落とせるのは「歯みがき」だけ！／歯をみがくときのポイント／前歯・犬歯のみがき方／おく歯のみがき方／歯みがきが終わったら「うがい」をしよう／歯ブラシの選び方／毛先が曲がってきたら、新品に交かんしよう／歯みがき粉を使うときは／みがき残しやすい場所は注意してみがこう／フロスの使い方／かむことの効果／よくかむことの効果「ひみこの歯がいーぜ」／舌の働き／歯みがきカレンダー／自分の歯ぐきをチェックしよう！

### 第6章　防犯・交通安全・防災…… 46
防犯の合い言葉「いかのおすし」／防犯ブザーは使えますか？／外出するときに伝える4つのポイント／危険な場所には入らない／夜間に歩いて帰るときは／交通ルールを守ろう／自転車に乗る前にチェックしよう／自転車を運転する際に注意すること／クイズ どこが危険かな？／地しんが起きたとき／「緊急地震速報」を見聞きしたら／非常持ち出し袋を準備しておこう／ひなん場所を知っておこう／火災が起きたら／ひなんの合い言葉「おかしも」／119番に電話をしたときに伝えること／消火器の使い方／大雨・台風のときは／かみなりが鳴っているときは／クイズの答え

## 第7章　かぜ・インフルエンザの予防……54

かぜとインフルエンザのちがい／インフルエンザウイルスとは？／かぜやインフルエンザはどのようにしてうつるの？／かぜやインフルエンザを予防するには？／うがいのやり方／手洗いのやり方／「アルコール消毒」をするときは／マスクの効果／マスクのつけ方・外し方／部屋を加しつするときは／こまめにかん気をしよう／自分の「平熱」を知っておこう！／正しい体温の測り方／線毛の働き／かぜ・インフルエンザと戦う細ぼうたち／「飛まつ」はどれくらい飛ぶの？／「せきエチケット」を心がけよう！／インフルエンザにかかってしまったら…／学級閉さになったときは／「鳥インフルエンザ」って何？

## 第8章　学校感染症……62

学校感染症一覧／「第三種 その他の感染症」とは？／「予防接種」って何だろう？／麻しん（はしか）／風しん／流行性耳下腺炎（おたふくかぜ）／水痘（水ぼうそう）／百日咳／咽頭結膜熱（プール熱）／流行性角結膜炎（はやり目）／急性出血性結膜炎／腸管出血性大腸菌感染症／感染性胃腸炎／サルモネラ、カンピロバクター感染症／溶連菌感染症／マイコプラズマ感染症／伝染性紅斑（りんご病）／単純ヘルペスウイルス感染症／手足口病／とびひ／とびひを予防するには／水いぼ／水いぼを予防するには／アタマジラミとは？／かみの毛で成長するアタマジラミ／アタマジラミはどのようにしてうつるの？／アタマジラミがうつってしまったら

## 第9章　体の成長と性……70

身長がのびる時期に大切なこと／成長ホルモンとは？／成長の記録／成長には「個人差」がある／「体」が成長する中で変化する「心」／体つきの変化（男子）体の変化（男子）／体つきの変化（女子）体の変化（女子）／体の変化が起こる仕組み／月経の仕組み／月経時に注意すること／ナプキンの交かん方法／射精の仕組み／「精通」って何だろう？／精子と卵子／赤ちゃんが生まれてくるまでの道のり／「おへそ」の秘密

## 第10章　脳・心の成長とコミュニケーション……78

脳のつくり／さまざまな働きをする「大脳」／海馬の働き／動物の脳と比べてみよう／「心」の発達／「心」と「体」はつながっている？／なやみやイライラがあるときは？／イライラやきんちょうが落ち着く「腹式呼吸」／なやみや不安を相談できる人はいますか？／「笑い」は健康のもと／「泣くこと」も大切です／「うつ」って何だろう？／「うつ」チェックリスト／「リフレーミング」って何だろう？／チクチク言葉とふわふわ言葉／ふわふわ言葉を集めよう／自分の考えをきちんと伝えよう

## 第11章　アレルギー……86

アレルギーとは？／主なアレルギーの原因（アレルゲン）／気管支ぜんそく／アトピー性皮ふ炎／アレルギー性結膜炎、鼻炎／じんましん／こん虫アレルギー／食物アレルギー／食物アレルギーの原因となる食物／食物アレルギーの主な症状／「アナフィラキシー」とは／エピペン®の使い方／食物アレルギーは「好ききらい」ではありません！／「花粉症」って何だろう？／花粉症の原因となる植物は？／花粉症を予防するには

## 第12章　おしゃれ障害……92

カラーコンタクトレンズ／アイメイク／金属（ピアス、ネックレス）／毛染めざい／けしょう品／脱毛／つめ（マニキュア・付けづめ）／リップ／「おしゃれ」は大人になってから

索引……………94

参考文献…………95

## この本の構成

「ほけんイラストブック」には、児童が健康について考える手助けとなる資料を収めました。ふりがな（ルビ）をふってあるので、そのままプリントして保健便りなどでご活用ください（DVD－ROMには、ふりがなが入っていないものも収録しています）。

　なお、保護者・教職員向けの資料は 保護者・教員向け マークが入っています。

それ以外の特長としては、
○ DVD－ROMには、イラスト単体で、モノクロだけではなくカラーのイラストも収録していますので、掲示や指導などで活用できます。
○ ▢（テキスト）のマークが入っているものは、文例のテキストデータをDVD－ROMに収録していますので、文章をアレンジして使用することもできます。

## DVD-ROMの構成

　巻末のDVD-ROMには、本書掲載の文例、イラスト（モノクロ及びカラー）を収録しています。パソコンで保健便りや授業資料などを作成する際にご活用ください。
　DVD-ROMフォルダの構成は右記の通りです。

フォルダ構成
- data
- html
- index.html
- read_me.pdf

※read_meには本書の4〜7ページの内容がそのまま掲載されています。

### ご使用にあたっての注意
以下の内容を了解した上で、DVD-ROM が入った袋を開封してください。

■著作権に関しまして
・本書付属の DVD-ROM に収録されているすべてのデータの著作権は株式会社少年写真新聞社に帰属します。
・学校内の使用、児童生徒・保護者向けの配布物に使用する目的であれば自由にお使いいただけます。
・商業誌等やインターネット上での使用はできません。
・データをコピーして配布すること、ネットワーク上にダウンロード可能な状態で置くことはできません。

■ご使用上の注意
・このDVD-ROMはパソコン専用です。DVDビデオプレーヤー、ゲーム機などでは使用できません。
・DVD-ROM内のデータによって引き起こされた問題や損失に対しては、弊社はいかなる保証もいたしません。本製品の製造上での欠陥に関しましてはお取り替えいたしますが、それ以外の要求には応じられません。

■動作環境
・Windows7以降、またはMac OS X 10.6以降。
・パソコンで使用するDVD-ROMドライブ必須。
・ウェブブラウザーがインストールされていること。

　Mac OS Xは、米国やその他の国で登録されたApple inc.の登録商標または商標です。
　Windows7は、Microsoft Corporationの米国その他の国における登録商標または商標です。

# DVD-ROMの使い方

①DVD-ROMドライブにDVD-ROMを入れます。
②DVD-ROM内の以下のようなフォルダ・ファイルがあります。
③ファイルの中の index (.html) をダブルクリックするとウェブブラウザーが起動して、メニュー画面が表示されます。

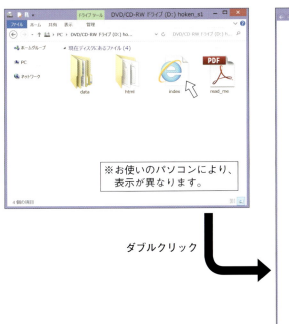

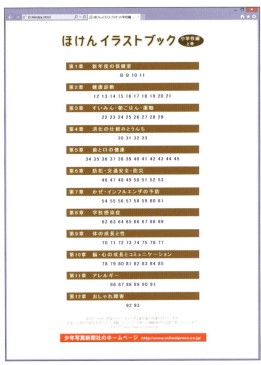

④メニュー画面に書かれている数字は、本書のページに対応しています。目的のページをクリックしてください。
⑤ページ内で使用している文章やイラストの枠付きのデータ（ルビなし）が表示されます。
　※ルビありのものや、イラスト単体（モノクロ及びカラー）、テキストは枠付きのデータ（ルビなし）の下にあります。

⑥⑤から使用したいものを選んでクリックすると、画像が大きく表示されます。
　※⑤の画面から画像をそのまま使用すると、画像が小さいため、文字やイラストがぼやけることがあります。
　　大きく表示してから使用してください。

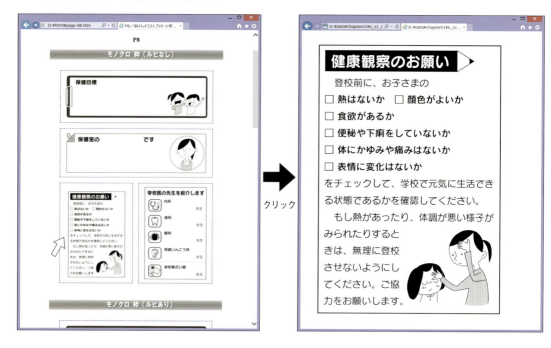

⑥大きく表示された画像を、ワープロ文書などに貼り付けてお使いください。

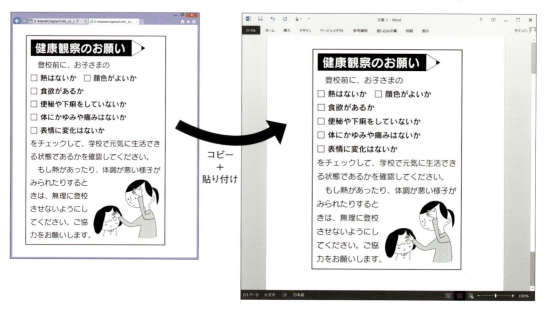

## ◎イラストのみを使用したい場合

　枠付きのデータの一覧の下にモノクロのイラスト一覧がありますので、使用したいイラストをクリックして、画像を大きくして、ワープロ文書などに貼り付けてお使いください。

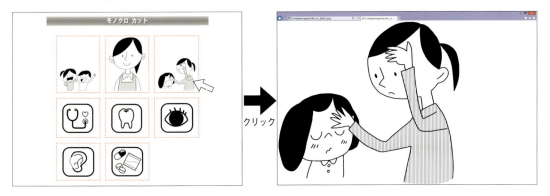

## ◎カラーのイラストを使用したい場合

　モノクロのイラストの一覧の下にカラーのイラスト一覧がありますので、使用したいイラストをクリックして、画像を大きくして、ワープロ文書などに貼り付けてお使いください。

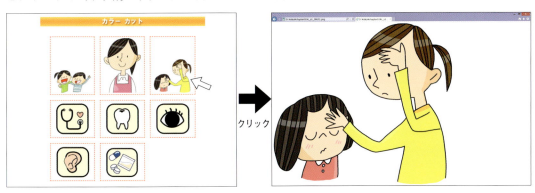

## ◎文章を変えたい場合

　本書で のマークがついている文章につきましては、文章のテキストデータが入っています。

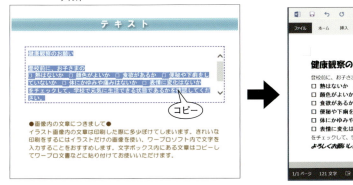

カラーのイラストの下にテキストデータがありますので、それをコピーしてください。

ワープロ文書などに貼り付けて、文字の大きさや内容を変えることができます。

# 第1章 新年度の保健室

## 保健目標

## 保健室の　　　　　　です

[保護者・教員向け]

### 健康観察のお願い

登校前に、お子さまの
- □ 熱はないか　□ 顔色がよいか
- □ 食欲があるか
- □ 便秘や下痢をしていないか
- □ 体にかゆみや痛みはないか
- □ 表情に変化はないか

をチェックして、学校で元気に生活できる状態であるかを確認してください。

　もし熱があったり、体調が悪い様子がみられたりするときは、無理に登校させないようにしてください。ご協力をお願いします。

### 学校医の先生を紹介します

内科
　　　　　　先生

歯科
　　　　　　先生

眼科
　　　　　　先生

耳鼻いんこう科
　　　　　　先生

学校薬ざい師
　　　　　　先生

## こんなときは保健室へ行きましょう

けがをした

痛いところがある
（頭やおなかなど）

体のことについて、知りたいことがある

気分が悪くなった
はきそう

なやんでいることがある

保健室に行く前には、先生に伝えましょう。

## 保健室を利用するときは…

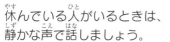
休んでいる人がいるときは、静かな声で話しましょう。

保健室の器具や本を借りる前に、先生の許可をもらいましょう。

けがや病気の手当を受けたら、記録表に記入しましょう。

けがをした理由や体の具合を、保健室の先生にはっきりと伝えましょう。

**保健室の先生に伝えるポイント**
◎けがの場合
「いつ？」（例：昼休みに）「どこで？」（例：校庭で）
「何をしていて？」（例：ドッジボールをしていて）
「どうしたのか？」（例：つき指をした）
◎病気の場合
「いつから？」（例：朝から）「どこが？」（例：頭が）
「どんな感じ？」（例：痛い）

# けがのひとはかきましょう

No. _____

| きょうは　月　日　曜日 | てんき　はれ・くもり・あめ・（　　） |

　　　　　ねん　　くみ　　なまえ

| どんなけがですか？ | どこのけがですか？ |
|---|---|
| すりむいた・きった・ささった・<br>ぶつけた（ぶつかった）・ひねった・<br>つきゆび・むしにさされた・<br>はなぢ・そのほか | けがをしたところに〇をつけましょう<br>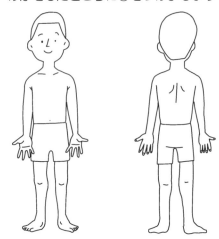 |

いつ、けがをしましたか？

どこでけがをしましたか？

どんなふうにしてけがをしましたか？

保健室での処置

保護者・教員向け

# 健康観察連絡票

小学校

| 年　　　月　　　日（　　） | 来室時間　　　時　　　分 |

年　　　組　　　児童名　　　　　　　　　　　　　　　さん

| 体のようす | 頭痛・腹痛・気持ちが悪い・吐き気・吐いた・体がだるい・寒気・せきが出る・鼻水・のどが痛い・熱っぽい・発疹・目が赤い・下痢<br>その他（　　　　　　　　　　　　　　　　　　　　　　　　　　　　　　　）<br><br>体温　　　　　　　　　　　　　　　　ほぼ平熱　・　少し高い　・　高い<br>　　　　度　　　分　　　　　（　　　　　　　　　　　　　　　） |

| 保健室から先生へ | 1　（　　　　　　　　　　　　　）のため、家庭に連絡をお願いします。<br>2　早退した方がよいと思われますので、保護者へお迎えの連絡をお願いします。<br>3　自分で下校できないようでしたら、ご家庭にご連絡いただくか、下校方法についてご指導ください。<br>4　休養したら、体調が改善しましたので、教室へお返しします。教室で様子を見てください。<br>5　給食は（食べられるものだけにしてください・食べない方がよいと思います）<br>6　体育・運動・掃除などは見学させてください。<br>7　帰りの支度や荷物を保健室へ持ってきてください。<br>8　その他（　　　　　　　　　　　　　　　　　　　　　　　　　　　　　） |

| ご家庭へ | 1　保健室で　　時　　分から　　時　　分まで休養しました。<br>2　保健室で体調を確かめました。<br>3　念のために医療機関の受診をお勧めします。<br>4　その他（　　　　　　　　　　　　　　　　　　　　　　　　　　　　　）<br>**帰宅後も様子を見ていただき、十分休養をとってください。お大事に。** |

| ご家庭から保健室へ | 帰宅後の様子をお知らせください。翌日欠席された場合は、次に登校するときにご提出ください。<br><br><br><br>　　　　　　　　　　年　　　月　　　日　　保護者（　　　　　　　　　） |

# 第2章 健康診断

## 健康診断の目的
健康診断には次のような目的があります。
- 健康状態や成長の様子を知る
- 隠れている病気がないかを調べる
- 自分の体や健康について関心を持ち、健康に過ごす習慣を身につける

健康診断を正しく受けて、自分の体について知りましょう。

## 健康診断の前には…

顔や体をきれいに洗う

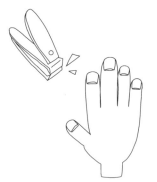
手足のつめを切る

歯をすみずみまでみがく

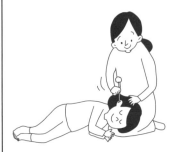
おうちの人に、耳そうじをしてもらう

下着やくつ下に自分の名前を書いておく

かみの毛が長い場合は、健康診断当日は、2つにわけて結ぶ

★問診票に記入もれが無いようにしましょう。

## 健康診断前チェックシート

●健康診断前日
- □ 入浴して、顔や体をきれいに洗った
- □ 手足のつめを切った
- □ おうちの人に耳そうじをしてもらった
- □ 問診票は、おうちの人に全部記入してもらった

●健康診断当日
- □ 下着やくつ下、上ばきに自分の名前が書いてある
- □ すみずみまで歯をみがいた
- □ （めがねを持っている場合）めがねを持ってきた（かけている）
- □ （かみの毛が長い場合）かみの毛を、2つにわけて結んでいる

※ 健康診断のときに限らず、顔や体、歯をいつも清潔にしておく習慣をつけましょう。また、定期的におうちの人に耳そうじをしてもらいましょう。

## 健康診断の結果について

健康診断の結果を確認し、おうちの人に知らせましょう。「再検査」や「要精密検査」の結果が出ても病気とは限りませんが、病院で早めにみてもらうようにしましょう。

病院での検査の結果や治療の経過は、必ず保健室まで知らせてください。

## 測定・検診のときに注意すること

さわがない

のぞかない

受ける前「よろしくお願いします」
受けた後「ありがとうございました」

## 測定（身長・体重）

発育測定では、身長と体重を測って、私たちの体がどれくらい成長しているかを調べます。

体の成長には個人差があるため、身長が高いとか低いとかを比べて、良い悪いを決めるものではありません。身長と体重がバランスよく成長していることが一番大切です。

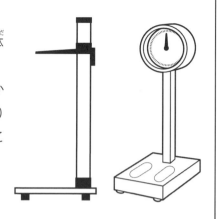

## 身長の測り方

身長を測るときは、身長計の中央に両足でまっすぐに立ち、背筋をのばして、背中の一部とおしり、かかとを身長計に付けて、正面を見ましょう。

耳と目の位置がほぼまっすぐになるように、軽くあごを引きましょう（頭を無理に身長計に付ける必要はありません）。

手をまっすぐ下に下ろしましょう。

## 体重の量り方

体重を量るときは、体重計に片足ずつ静かに乗り、中央にまっすぐに立ちましょう（測定前にトイレは済ませておきましょう）。

体重計の中央に立ったら、動かずにじっとしていましょう。

測定後も片足ずつ静かに降りましょう。

## 内科検診

内科検診では、聴診器で心臓の音や肺の呼吸する音を聞いて、体の中が健康かどうかを調べます。また、おうちの人に書いてもらった「問診票」を見て、そこから病気の疑いがないかを調べます。

さらに、皮ふの色などの状態や姿勢から、栄養バランスのよい食事がしっかりとれているか、背骨や関節などに異常がないかを調べています。

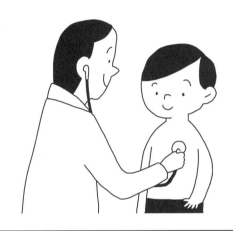
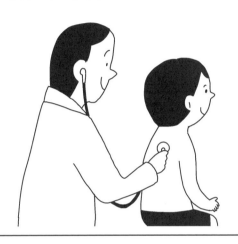

## 「脊柱側わん症」とは？

人の脊柱（背骨）は、首からおしりにかけてまっすぐにのびていますが、この脊柱が横に曲がっている状態を「脊柱側わん症」といいます。

右の絵のように左右のかたやこしのラインがずれている場合は、脊柱側わん症の疑いがあります。

病院で治りょうしないと治すことができないので、内科検診で「脊柱側わん症」が疑われた場合は、必ず整形外科に行って、くわしい診断をしてもらうようにしましょう。

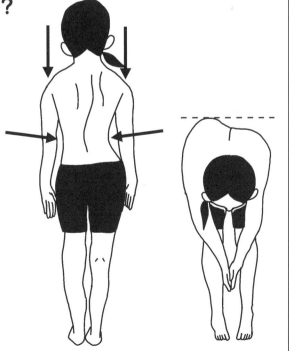

## 結核検診

「結核」は「結核菌」と呼ばれる細菌が体内に入ることで起こる病気で、感染力が強く、むかしはとても多くの人が感染しました。

現在では数は少なくなりましたが、感染する場合があるので、おうちの人に書いてもらった問診票をもとに、結核の疑いがないかどうかを調べます。

## 結核

**病原体** 結核菌

**症状** 初期の症状はかぜと似ていますが、せきやたん、発熱などの症状が長く続きます。また、体重が減る、食欲がないなどの症状もあります。さらにひどくなると、だるさや息切れ、血の混じったたんなどが出ることもあります。

**登校について** 病状により、学校医などの医師が感染のおそれがないと認めるまでは、登校できません。

## 心電図検査

内科検診の中で、聴診器で心臓の音を聞いて、体の中が健康かどうか調べますが、「心臓」についてさらにくわしく調べるのが「心電図検査」です。

「心電計」という機械を使って、横になった状態で検査します。検査が終わるまでは、動かずにじっとしていましょう。

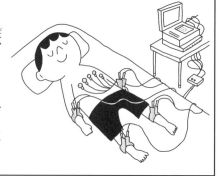

## 歯科検診

歯科検診では、歯や歯ぐきが健康な状態であるか、歯こうや歯石がたまっていないか、歯のかみ合わせや、あごの状態が正常かどうかなどについて調べます。

歯科医の先生が、きちんと調べることができるように、検診の前に、しっかりと歯をみがいて、食べかすなどのよごれを落としておきましょう。

第2章 健康診断

## 歯科検診で学校歯科医の先生は何を言っているの？

健康な歯→「／」（しゃ線）

むし歯になりかけている歯→「CO」（シーオー）

むし歯の歯→「C」（シー）

きちんと治りょうした歯→「○」（まる）

注意が必要な乳歯→「×」（バツ）

歯の様子とは別に、歯ぐきが、赤くはれていたり、軽い出血があったりする場合は「GO（ジーオー）」と呼ばれる状態で、歯みがきや生活習慣を見直す必要があります。

## 視力検査

視力検査は、授業のとき、学習にさしつかえがなく、黒板の文字がきちんと見えているかどうかを調べるための検査で、「ランドルトかん」と呼ばれる、一部分が空いた輪を用いた表やカードなどで調べます。

片方の目をしゃ眼子で軽くふさぎ、ランドルトかんの空いている部分を、「上」や「下」などのように答えましょう。

ランドルトかんがぼやけて見えていても、前にかがんだり、目を細めて無理に見ようとしたりすると視力を正しく測ることができません。よく見えない場合は、「わかりません」と正直に答えましょう。

## 眼科検診

　視力検査は「見え方」を調べるのに対して、眼科検診では、目（ひとみや白目の部分）やまぶたの裏側などを片方ずつ見て、目の病気や視力にえいきょうをあたえる目の異常がないかどうかを調べます。

## 耳鼻いんこう科検診

　耳鼻いんこう科検診では、耳と鼻、のどが健康かどうかを調べます。

　耳は耳鏡を耳の穴の中に入れて、ライトで光を当てて、見えにくい耳の中の状態を調べます。

　鼻は、鼻鏡を鼻の穴の中に入れて、ライトで光を当てて、見えにくい鼻の穴の中の状態を調べます。

　舌圧子で舌をおさえて、のどの状態を調べます。また声を聞き、きちんと発音ができているかを調べます。

## 聴力検査

　聴力検査は、オージオメータという機器を使って、音の大きさや高さを変えながらきちんと音を聞き取ることができているかを調べます。
　周囲の音が大きいと、オージオメータから出ている音が聞き取りにくくなり、正しく検査ができないので、聴力検査をしている人の近くでは静かにしましょう。また、中耳炎などで聞こえが悪い場合も正しく検査ができないので、耳に病気がある場合は検査の前に先生に知らせておきましょう。

## 尿検査をする前に

**前日**
- ビタミン入りのジュースなどは飲まない
- 夕食後に、激しい運動はしない

**当日**

① 目が覚めたら、すぐに尿をとる

② 出始めの尿は流してから、採取する

③ 提出容器に移して、ふたをしっかりと閉じる

④ 尿をとり終えたら手を洗う

★提出するふくろに、名前を書き忘れないようにしましょう。

## 「おしっこ」から何がわかるの？

おしっこ（尿）は、血液中のいらなくなったものを材料にして、じん臓でつくられたものです。そして、じん臓から尿管を通って、ぼうこうにたまり、体の外に出されます。

おしっこを調べることで、じん臓が健康かどうかを調べることができます。

たとえば、おしっこの中に、血液や「たんぱく」と呼ばれるものが入っていた場合は、じん臓の病気である疑いがあります。

また、「糖」が多く入っていた場合は、「糖尿病」と呼ばれる病気の可能性があります。

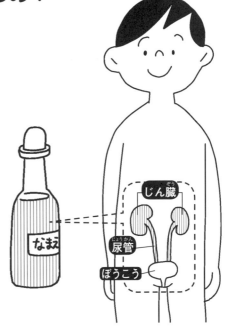

## 健康診断項目一覧

- 計測
  （身長・体重）
- 内科検診
- 結核検診
- 心電図検査
- 歯科検診
- 視力検査
- 眼科検診
- 耳鼻いんこう科検診
- 尿検査
- 運動器検診

（この部分は、検診や検査を行う日程や会場を書くのにご利用ください。）

## 計測（身長・体重）

身長と体重を測って、入学してからバランスよく成長しているかを調べます。

## 内科検診

心臓や肺に病気や異常がないかを調べます。また、栄養状態や脊柱そくわん症になっていないかについても調べます。

## 結核検診

おうちの人に書いてもらった問診票をもとに、感染症である「結核」にかかっていないかを調べます。

## 心電図検査

心臓がきちんと働いているかを、心電計という機器を使って、くわしく検査します。

## 歯科検診

むし歯や歯肉炎がないかを調べます。また、歯並びやあごの状態、歯みがきがきちんとできているかも調べます。

## 視力検査

学習にさしつかえがない見え方ができているかを調べます。

## 眼科検診

目の病気や視力にえいきょうをあたえる目の異常がないかを、目の中（ひとみ）やまぶたの裏側を見て調べます。

## 聴力検査

大きさや高さがちがう音を、きちんと聞き取ることができるかを調べます。

## 耳鼻いんこう科検診

耳・鼻・のどの病気がないかをそれぞれ調べます。

## 尿検査

おしっこ（尿）から、じん臓などが病気にかかっていないかを調べます。

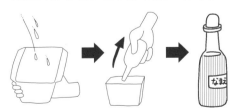

## 運動器検診

「運動器」とは、骨や関節、筋肉、じん帯、神経など体を支えたり動かしたりする部分のことです。
運動器検診では、手足の骨や関節、筋肉などに病気や異常がないかを調べます。

# 第3章 すいみん・朝ごはん・運動

## 「レムすいみん」と「ノンレムすいみん」

私たちは、ねむる中で「浅いねむり」と「深いねむり」を何回かくり返しています。浅いねむりを「レムすいみん」と呼び、体は休んでいますが、脳が活発に動いて体の点検をしています。深いねむりを「ノンレムすいみん」と呼び、このときは脳も休息をとっています。

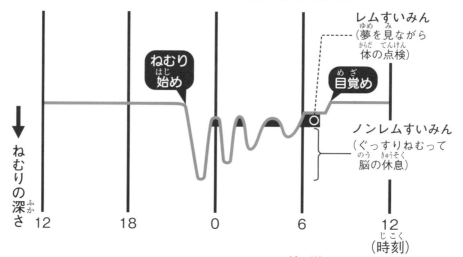

レムすいみんとノンレムすいみんをしっかりととることで、脳も体もつかれがとれるのです。

## なぜ「夢」を見るの？

ねているときに夢を見るのは、浅いねむりの状態で、脳が起きているときに起こった出来事を整理して、記おくとして脳に定着させているのだと考えられています。ただ、すいみんについては、研究中である部分も多く、夢を見る本当の理由について、まだ、くわしくわかってはいません。

## なぜ夜にねむくなるの？

私たちは、脳の中の「視交叉上核」と呼ばれる部分で、すいみんや体温などのリズムをコントロールしています。

視交叉上核は夜に体温を下げることで、ねむ気を起こしますが、すいみん不足になると、体温がうまく上がり下がりできなくなるため、夜はよくねむれず、朝は力が出なくなります。

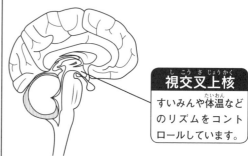

**視交叉上核**
すいみんや体温などのリズムをコントロールしています。

# よくねむるといいことがいっぱいあるよ！

### 体のつかれがとれる

休息がとれるだけではなく、脳が体の点検をしてくれます。

### 心が落ち着く

すいみん不足になると、気持ちのコントロールができにくくなります。

### 記おくを整理する

脳が勉強して覚えたことなどを整理し、記おくとして定着させます。

### 成長ホルモンが出る

骨や筋肉を発達させる成長ホルモンは、すいみん中に、たくさん出ます。

### 病気から体を守る

感染症などの病気に対するていこう力が強くなります。

---

**しっかりとすいみんをとるには？**

　まずは朝早く起きてみましょう。すると、体内時計がリセットされて、夜にねむ気が起こり、早くねむることができるようになります。

　また、朝・昼・晩にしっかり食事をとり、運動をすることで、さらにぐっすりとねむることができます。

　すいみん（休養）・運動・栄養を、毎日の生活の中で、規則正しくとることが健康につながるのです。

## すいみん不足になると…

食欲が出ない

集中力が低下する

体調をくずしやすくなる

イライラしやすくなる

肥満になりやすい

**ほかにも**
・めんえき力が低下し、かぜなどにかかりやすくなる
・老化が早まる など
★体や心の発達にも、悪いえいきょうをあたえます。

---

## 「低体温」はすいみん不足のサイン

健康なときに体温を測って、35度台しかない場合は、「低体温」と呼ばれる状態かもしれません。

低体温は、すいみん不足などで生活習慣が乱れているときに起こりやすいので、生活習慣を見直すサインです。

---

## 動物のすいみん時間は？

ネコなどの肉食動物はすいみん時間が長めですが、草食動物は肉食動物から身を守るためにゆっくりとねているよゆうがありません。
また人間に近く、雑食のチンパンジーは、人間とすいみん時間がほぼ同じです。

ネコ
約14時間

チンパンジー
約9時間

ウシ
約3時間

## すいみんのじゃまをする夜の光

夜暗くなると、脳からねむりにさそう物質「メラトニン」が出て、ねむくなります。

しかし、夜にテレビやゲームなどの強い光を見ると、メラトニンの出る量が減って、夜にねむれなくなり、すいみん不足につながります。ねる前は強い光を見ないようにしましょう。

## ぐっすりとねむるためには…

電気を消してふとんに入っても、ほかの部屋のテレビなどから音や強い光が出ていては、なかなかねむることができません。ねむる時間になったときに、静かなかんきょうにするために、家族みんなで協力しましょう。

## 早起きをして、朝日を浴びよう！

私たちの体に備わっている体内時計は約25時間で、実際の時間である1日24時間と約1時間ずれています。

そのずれを修正してくれるのが「朝の光」です。早起きして朝日を浴びることで、体内時計をリセットすることができ、日中、元気に過ごせます。

## 「朝ごはん」ってすごい！

　朝ごはんは、心と体にとってとても大切です。なぜなら、心と体を目覚めさせて、1日元気に活動するためのエネルギーをつくってくれるからです。

　まず、朝ごはんの味を楽しみながら、よく歯でかむことで、脳の働きを活発にします。そして、食べ物をのみこむことで胃と腸の働きを目覚めさせて、栄養が体中に送られます。

　さらに、体中に栄養が送られることで、体全体で活動が活発になり、体温が上がって、体の動きもスムーズになります。

## 朝ごはんで脳を目覚めさせよう

　私たちの脳の栄養源は「ブドウ糖」だけです。日中はもちろん、ねているときもエネルギーとして使われているため、朝は特に体内のブドウ糖が減っています。

　だから朝ごはんで、ごはんやパンなどから炭水化物（ブドウ糖）を補給することで、脳の働きが活発になり、集中力が高まります。

　さらに、よくかんで食べることで脳の血流が増え、脳の活動をより活発にしてくれます。

## 朝ごはんでウオーム・アップ

　私たちは、運動をする前に、体操やストレッチなどの「ウオーム・アップ」をして、体温を上げて、体を動かしやすくします。

　朝ごはんも同様に、しっかりと食べることで、すいみん中に下がった体温を上げて、体を動かしやすくします。

　朝食を食べることは、1日を元気にすごすことができるための「ウオーム・アップ」の役割をしてくれているのです。

## どんな朝ごはんがいいの？

朝食は、主食、主菜、副菜、しる物（飲み物）をそろえ、栄養バランスよくとるのが望ましいです。

エネルギー源となる「炭水化物」は、ごはんやパンなどからとります。また、私たちの体をつくる「たんぱく質」は卵や魚介類、肉類などから補給します。

さらに、腸などの働きを活発にする働きがある「食物せんい」や「ビタミン」を野菜や海そうなどで補い、みそしるやスープなどのしる物で、水分をとるとよいでしょう。

和食

洋食

## おいしく朝ごはんを食べるには？

### よくかんで食べる

よくかんで食べることは、消化を助けるだけではなく、脳の血流を増やし、脳の働きを高めます。

また、かむことで脳がしげきを受けて食べ過ぎをおさえるので、肥満を防ぐ効果もあります。

### 家族で食べる

家族で食事をとることは、親子やきょうだいを結びつける、大切な心の交流の機会です。家族で楽しみながら朝食をとりましょう。

## 朝食をしっかりと食べて「朝うんち」をしよう

朝ごはんを食べると、胃や腸が目覚めて活発に働き始めます。そのため、食べ物の消化が進んで、「うんちを出したい」と感じるので、がまんせずにしっかりとうんちを出しましょう。

そのとき出たうんちの「色」や「形」をチェックしましょう。色が黄色〜黄色がかった茶色で、バナナのようなうんちが出ていたら、健康のあかしです。色が黒かったり、水のようなうんちが出ていたら生活習慣を見直してみましょう。

スッキリ

## 運動をするとどんないいことがあるの？

- 骨や筋肉を強くする
- 内臓の健康を保つ
- 血液の流れがよくなる
- ぐっすりとねむれる

ほかにも
- ストレスを解消する
- 肥満を防ぐ

など

## 運動不足になると…

私たちは、体のエネルギーとなる炭水化物などを食事で補給します。しかし運動をしないとエネルギーが消費されずに、しぼうとなって体の中にたまって、肥満の原因になります。しぼうは、血管や内臓などにもたまり、重い病気にもつながります。

また、運動不足で骨も弱くなり、大人になったとき、骨が折れやすくなる病気の「骨粗しょう症」になることもあります。

## 運動を習慣として続けるためには

運動はたまにやればよいのではなく、習慣として続けないと意味がありません。いきなり無理をして運動をしても続かないので、まずは、少しがんばればできる程度の時間で、軽い運動から始めて、少しずつ時間や運動する量を増やしてみましょう。

家族や友だちと行うと、より続けやすくなります。

# 生活習慣チェックをしよう

年　　　組　　　名前 _____

## 1. 昨日と今日の生活のしかたをチェックしましょう

| 記入した日 | 月　　　日 | |
|---|---|---|
| 昨日 | ①運動や外遊びをしましたか？ | はい ・ いいえ |
| | ②おふろに入りましたか？ | はい ・ いいえ |
| | ③食事の前に手を洗いましたか？ | はい ・ いいえ |
| | ④食後に歯をみがきましたか？ | はい ・ いいえ |
| | ⑤好ききらいなく食事を食べましたか？ | はい ・ いいえ |
| | ⑥昨日は何時何分にねましたか？ | 　　時　　　分 |
| 今日 | ⑦朝、何時何分に起きましたか？ | 　　時　　　分 |
| | ⑧朝、自分で目が覚めましたか？ | はい ・ いいえ |
| | ⑨朝ごはんをしっかりと食べましたか？ | はい ・ いいえ |
| | ⑩朝、うんちをしましたか？ | はい ・ いいえ |

## 2. 1日の生活の中で、「ねむっていた時間」に青色、「食事をしていた時間」に赤色、「運動・外遊びをしていた時間」に黄色で色をつけましょう。

| 記入した日 | 月　　　日 |
|---|---|

午前　　　　　　　　　　午後　　　　　　　　　　　　　　　　　　　　　　　　午前
5　6　7　8　9　10　11　0　1　2　3　4　5　6　7　8　9　10　11　0　1　2　3　4　5

# 第4章 消化の仕組みとうんち

## 食べ物がうんちになるまで

　口の中に入れた食べ物は、食道、胃、小腸、大腸を通る中で、細かく分解され、栄養や水分が吸収されて、1～2日間かけて「うんち」になり、体の外に出されます。

### 食べ物の旅（①→②→③→④→⑤の順に進みます）

①口
食べ物を歯で細かくかみくだきます。

②食道
のみこんだ食べ物を胃に送ります。
通過時間：数十秒

③胃
食べ物を一時的にためて、どろどろに消化します。
通過時間：3～6時間

④小腸
食べ物を消化して、栄養や水分を吸収します。
通過時間：4～10時間

⑤大腸
残った栄養や水分をぬきとって、うんちをつくります。
通過時間：16～32時間

# 消化器官の働き

## 口

口の中では食べ物は「歯」によって細かくかみくだかれて、「だ液」と混ざり合います。だ液は「だ液せん」と呼ばれるところでつくられ、食べ物の中の「炭水化物」をより小さな糖に分解する働きがあります。

よくかんで食べるほど、だ液せんからだ液がいっぱい出て消化してくれます。

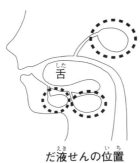
だ液せんの位置

## 食道

口からのみこまれた食べ物は、「食道」を通ります。

食道は長さが約25cmの細長い管で、筋肉でできています。食べ物が通ると、筋肉がのび縮みをして、水は1秒、食べ物は5～6秒で胃へと送られます。

また、食道は口より温度を感じる神経が少なく、熱い食べ物を食べても熱さを感じません。

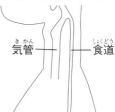
気管／食道

## 胃

胃は、食道から送られてきた食べ物をためて、「胃液」と呼ばれる液体と混ぜ合わせます。胃液は食べ物をとかす働きがあり、3～6時間をかけて食べ物をおかゆのようなどろどろとした状態にします。

空腹のとき、胃は小さく縮んでいますが、食べ物が入ると約30倍もの大きさになり、動くことで胃液と食べ物を混ぜ合わせます。

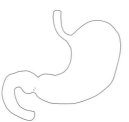

## かん臓・たんのう・すい臓

かん臓ではしぼうの消化・吸収を助ける「たんじゅう」をつくり、たんのうに送ります。

たんのうでは、たんじゅうを十二指腸（小腸の一部）に送ります。

すい臓では、「たんぱく質」などを分解する強力な消化液である「すい液」をつくり、十二指腸に送ります。

かん臓

たんのう

すい臓

## 小腸

小腸は長さが約6mもあり、「十二指腸」「空腸」「回腸」の3つに分かれます。

十二指腸では、かん臓やすい臓から送られた、たんじゅうやすい液などの消化液で胃から来た食べ物をさらに細かく分解します。

空腸や回腸では、食べ物を分解し、栄養や水分を吸収します。その栄養は、体の成長や毎日の活動に役立てられます。

## 大腸

大腸は長さが約1.5mあり、小腸から送られた食べ物に残った栄養や水分をぬいて、「うんち」をつくります。大腸には、体を健康にしてくれる「善玉菌」や、病気を起こす原因となる「悪玉菌」などのさまざまな細菌がいます。

大腸の中でこう門に近い部分を「直腸」といい、直腸にうんちが送られると、その情報が脳に届き「うんちがしたい」と感じます。

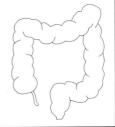

第4章 消化の仕組みとうんち

## うんちチェックをしよう！

「うんち」といえば「くさい」「きたない」などのイメージがありますが、実はうんちの形や色は、体が健康かどうかを知らせてくれる大切なメッセージなのです。

色が黄色から黄色っぽい茶色でにおいがあまりなく、バナナのようなうんちが健康的なうんちです。うんちをしたら水で流す前にチェックしてみましょう。

## うんちの色とタイプ

| | バナナうんち | コロコロうんち | ビシャビシャうんち | ヒョロヒョロうんち |
|---|---|---|---|---|
| 形 | | | | |
| 色 | 黄〜黄かっ色 | 茶〜黒 | 黄〜黒 | 茶〜黒 |
| におい | 弱い（くさくない） | 強い（くさい） | 強い（くさい） | 強い（くさい） |
| 体の状態 | 腸の中が健康な状態です。今の生活習慣を続けましょう。ただし、色が黒っぽくなってきたら、肉やしぼうを多くとり過ぎているサインなので、食習慣を見直す必要があります。 | うんちの水分が少なくなっています。水分や食物せんいが多い食品をとるようにしましょう。また、スナックがしや肉類を多く食べていると、黒い色のコロコロうんちが出やすくなります。栄養バランスのよい食事を心がけましょう。 | 冷たいものを食べ過ぎたり、からいなどの刺激的なものを食べ過ぎたりしたときに出ます。また、ストレスをためているときにも出ることがあります。長く続くときは病気の場合もあるので、おうちの人か先生に相談しましょう。 | 細長いうんちがよく出るときは、運動不足のサインです。運動する習慣をつけましょう。また、無理なダイエットで、食事の量が不足しているときにも出ます。無理なダイエットは、正常な成長をさまたげるのでやめましょう。 |

## 健康的な「バナナうんち」を出すには

①食生活を見直す

うんちの質は食べ物で決まります。理想の「バナナうんち」を出すには、野菜や海そう、果物など食物せんいが多く入った食品を毎日食べましょう。

また、腸を健康にする「善玉菌」が入った食品をとりましょう。代表的な善玉菌は「ビフィズス菌」や「乳酸菌」で、ヨーグルトや納豆などの食品に多く入っています。

②運動をする

うんちをしっかりと出すためには、おなかの筋肉をきたえることが大切です。日ごろの運動の中で少しずつきたえましょう。

## おなかが痛くなったら（主な原因と対処）

おなかが痛くなったとき、便意がある（うんちを出したいと感じる）場合はまずトイレに行きましょう。げりの場合は、病気や食中毒の可能性があるので、トイレの後にしっかりと手を洗い、おうちの人か先生に伝えましょう。

便意がないときは、すぐにおうちの人か先生に「どのあたり」が「どんな感じで」痛いのかを伝えましょう。

## 過敏性腸症候群って何？

腸に異常がないのに、げりや便秘、腹痛などが続く「過敏性腸症候群」と呼ばれる病気があります。

この病気は、友人関係のなやみや学校の成績などでたまったストレスが原因となるので、周りの人へ相談することで不安を軽くし、食事やすいみんなどの生活習慣を整えることで改善できます。ただし、別の病気の可能性もあるので、まずはお医者さんに相談することが大切です。

# 第5章 歯と口の健康

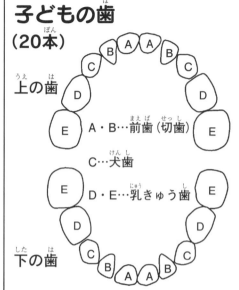

子どもの歯 (20本)
上の歯
A・B…前歯(切歯)
C…犬歯
D・E…乳きゅう歯
下の歯

子どもの歯は前歯(切歯)が上下に4本ずつ、犬歯が上下に2本ずつあり、おく歯(きゅう歯)が上下に4本ずつあります。

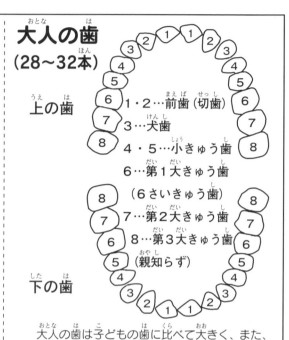

大人の歯 (28〜32本)
上の歯
1・2…前歯(切歯)
3…犬歯
4・5…小きゅう歯
6…第1大きゅう歯
　　(6さいきゅう歯)
7…第2大きゅう歯
8…第3大きゅう歯
　　(親知らず)
下の歯

大人の歯は子どもの歯に比べて大きく、また、おく歯は小きゅう歯が上下4本ずつ、大きゅう歯が上下4〜6本ずつ生えてきます。

## 「子ども」から「大人」に生えかわる歯

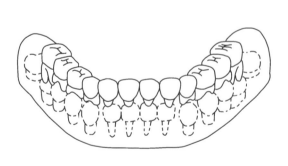

子どもの歯の下(歯ぐきの中)には、大人の歯がかくれています。体が成長するにつれて、大人の歯も成長し、子どもの歯をおし上げます。おし上げられた子どもの歯がぬけて、立派な大人の歯(永久歯)が顔を出します。ただし、大人の歯の下にはもう別の歯はかくれていないので、毎日歯をすみずみまでみがいて大事にしましょう。

## 歯の断面と役割

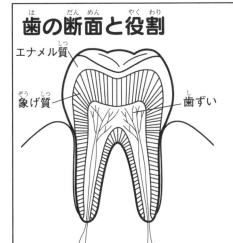

〈エナメル質〉
　歯の一番外側をおおっている、体の中で一番かたい組織で、90%がカルシウムできています。

〈象げ質〉
　エナメル質の内側にある組織で、かたさは骨と同じくらいの組織です。象げ質には細い管がたくさん通っていて、歯ずいとつながっています。

〈歯ずい〉
　一番内側にある組織で、血管や神経などが入っていて、歯に栄養を送ったり、痛みを感じたりします。

## 前歯・犬歯・おく歯の役割

〈前歯〉
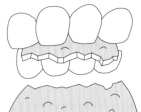
前歯は食べ物をかじり取る役目があります。そのままでは口に入りきらない食べ物をかじって、おく歯でかむ準備をします。

〈犬歯〉

犬歯は先がとがっているため、食べ物を引きちぎったり、かみ切ったりするときに使われます。

〈おく歯〉
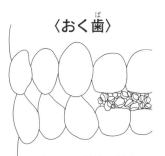
おく歯では、前歯や犬歯で、かじり取ったり、かみ切ったりした食べ物を消化しやすいように、細かくすりつぶします。

## 動物の歯はどうなっているの？

ライオンなどの肉食動物は、肉を引きちぎるための犬歯がほかの歯に比べて大きく、先がするどくなっています。

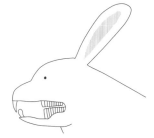
ウサギやリスなどは生の野菜や木の実などかたい食べ物をかじってくだくために、前歯が長くてするどい形になっています。

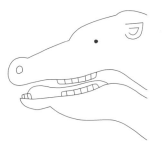
ウシなどの草食動物は、消化がしにくい草をしっかりとすりつぶせるように、大きなおく歯がたくさんあります。

## むし歯と歯肉炎

歯を毎日みがかなかったり、あまいものをダラダラと食べていたりする習慣を続けると、歯に痛みが出る「むし歯」や、歯ぐきが赤くはれて血が出る「歯肉炎」になります。「むし歯」や「歯肉炎」はひどくなると歯を失うことにつながります。

## 歯をとかしていく「むし歯」

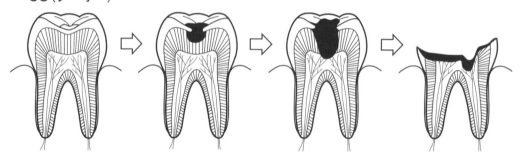

CO（シーオー）

むし歯は口の中にいるミュータンス菌がつくる酸で歯がとけることで起こります。最初は歯の表面がとけて、白くにごる「CO」と呼ばれる状態になります。むし歯が歯の神経まで進行すると痛みが出て、さらに進むと歯に大きな穴が開いてしまいます。

## むし歯ができる仕組み

歯　ミュータンス菌　糖分　時間がたつと…　むし歯発生！

私たちの口の中には、たくさんの細菌がいて、その中にむし歯の原因となる「ミュータンス菌」がいます。ミュータンス菌は砂糖などの糖分を取りこんで数を増やします。数を増やしていくときに、ミュータンス菌たちは酸をどんどんつくります。その酸で歯がとけて「むし歯」になるのです。

## 「歯肉炎」って何だろう？

歯をみがかなかったり、あまいものをダラダラ食べたりしていると、あまいものをえさにして、歯に細菌が増えていきます。その細菌は、歯ぐきに近づき、歯ぐきをこうげきします。すると歯ぐきが赤くはれたり、血が出たりします。これが「歯肉炎」です。

## 歯肉炎と歯周炎のちがい

「歯周病」には歯肉炎と歯周炎があります。

歯肉炎は歯ぐき（歯肉）が赤くはれたり、血が出たりする病気です。子どもに多く見られ、しっかりと歯をみがき、食習慣の改善をすることで治ります。

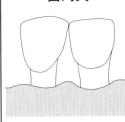

歯周炎になると歯を支える骨がとけて歯がぬけることもあります。
歯肉炎とはちがって治らないので、しっかりと歯みがきをして予防することが大切です。

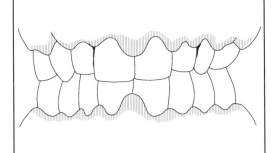

## 「歯こう」って何だろう？

歯をみがかないと、歯に白あるいは黄色くにごった、少しネバネバしたものがつきます。これが「歯こう」です。
歯こうは、むし歯の原因となるミュータンス菌が、食事のときに口に入った砂糖を取りこんでつくった、ミュータンス菌たちの「家」なのです。
歯みがきで歯こうを落とさないと、ミュータンス菌が数を増やし、歯こうも厚くなります。

## 歯こうがたまっていくと…

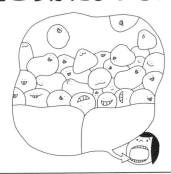

歯こうは、むし歯の原因となるミュータンス菌を増やすだけではなく、ほかの細菌もくっついて仲間を増やしていきます。そして、その細菌の中には、歯ぐきが赤くはれたり、血が出たりする「歯肉炎」の原因となる細菌もいます。
毎日しっかりと歯をみがいて歯こうを落とし、歯こうをつくるもととなる砂糖を食べ過ぎないようにすることは、歯肉炎の予防にもつながるのです。

## むし歯・歯肉炎を予防するポイント

毎日みがき残しのないように歯をみがく

ダラダラとあまいものを食べない

歯ごたえのあるものをよくかんで食べる

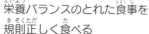
栄養バランスのとれた食事を規則正しく食べる

定期的に歯医者さんでみてもらう（歯みがきの仕方など）

**ほかにも**
- 規則正しい生活をする
- 自分に合った歯ブラシを使う

など

## 「歯こう」を落とせるのは「歯みがき」だけ！

ミュータンス菌のすみかである歯こうは、歯にべっとりとくっついているため、うがいなどでは落ちません。

歯ブラシの毛先をきちんと歯に当てて、毛先を動かしてみがくことで、歯こうをはじき落とすことができます。

## 歯をみがくときのポイント

### 鏡を使ってみがく

歯をみがくときは、鏡を見ながら、歯に毛先がしっかりと当たっているかを毎回1本1本チェックしながらみがきましょう。

### 力を入れ過ぎない

みがくときに力を入れ過ぎると、毛先が歯の面で開いてしまい、歯こうは落とせず、逆に歯を傷つけます。
歯の表面をすべらせるようにみがきましょう。

歯ブラシをおさえたとき、150gくらいの力になるのが望ましいです

## 前歯・犬歯のみがき方

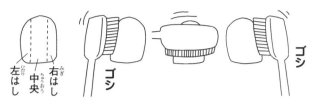
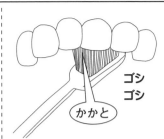

前歯をみがくときは、中央の部分と左右のはし（歯と歯の間）の部分の3つにわけてみがきましょう。中央は、歯ブラシを横にして、軽い力で毛先を動かします。左右のはしは、歯ブラシを縦にして毛先を当ててみがきましょう。

前歯の裏側のくぼんでいる部分は、毛先のかかとの部分（後ろ側）を当ててみがきましょう。

犬歯の外側をみがくときは、前歯をみがくときと同様に、中央の部分を横みがきで、歯と歯の間の部分を縦みがきでみがきましょう。

犬歯は、前歯より丸みがあり、毛先を当てづらいので、鏡を見ながらしっかりと毛先を当てて、みがきましょう。

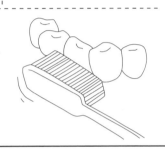

## おく歯のみがき方

おく歯をみがくときは、外側と内側、かみ合わせの3つにわけてみがきましょう。歯と歯の間の部分は、歯ブラシのかかと（後ろ側）とつま先（先たんの部分）を使い、きちんと当てて歯こうを落としましょう。

大人のおく歯が生えかけているときは、周囲の歯より高さが低いため、毛先がうまく当てられずに、みがき残してむし歯になることがあります。歯ブラシを口の横から入れると、毛先を当てることができるので、きちんと当ててみがきましょう。

## 歯みがきが終わったら「うがい」をしよう

①口の中に水を少しだけ入れましょう。　②ほおを動かして、水を左右の歯にぶつけましょう。　③前歯にも水をぶつけて、最後に水をはき出しましょう。

## 歯ブラシの選び方

歯ブラシは毛先が細いものや、ギザギザしたものではなく、持つところから毛先までがまっすぐなものがよいでしょう。

毛先のかたさは「ふつう」のものを選びましょう。

## 毛先が曲がってきたら、新品に交かんしよう

歯ブラシを長い間使っていると、毛先の部分が外側に向かって開いていきます。毛先が開いてくると歯の面に対して、きちんと当たらなくなり、歯こうが落とせなくなります。

歯ブラシの裏側から毛先が見えるほど、毛先が開いてきたら、新しい歯ブラシに交かんしましょう。

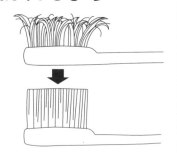

## 歯みがき粉を使うときは

歯みがき粉（歯みがきざい）を使わなくても、歯こうは落とすことができます。使う場合は、毛先に少しのせるだけにしましょう。

歯みがき粉を使うと口の中がさわやかになって、きちんとみがけていなくても、みがけた気になってしまうことがあるので、注意しましょう。

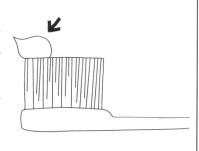

## みがき残しやすい場所は注意してみがこう

歯と歯の間や歯ぐきとの境目、おく歯のかみ合わせなどはみがき残しやすい部分なので、鏡を見ながら毛先をきちんと当ててみがきましょう。

◎みがき残しやすい部分

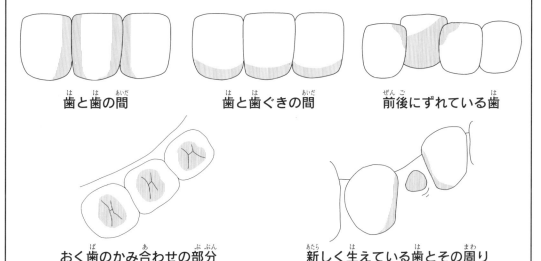

## フロスの使い方

フロスは、歯ブラシでは届きにくい歯と歯の間の歯こうを落とすことができます。

フロスは、持ち手があるものとフロス（糸）だけのものがあります。必ず歯ブラシで歯をみがいた後に使いましょう。

持ち手があるフロスを使うときは、鏡を見ながら歯と歯の間にゆっくりと入れましょう。力を入れて一気に入れると歯ぐきを傷つけることがあるので注意しましょう。

フロスだけのものを使うときは40cm程度の長さに切り、両手の中指に巻き付けてフロスをピンと張り、歯と歯の間に入れて上下にずらしながらこすります。その際に、指で口を広げると入れやすくなります。

## かむことの効果

### 消化を助ける
よくかんで食べると、食べ物が細かくくだかれるだけではなく、消化液の1つである「だ液」がいっぱい出て消化を助けてくれます。

### むし歯を予防する
よくかむことで口の中に出るだ液が、歯の表面のよごれを洗い流します。また、歯の表面がむし歯になりかかっていても元の健康な状態に治してくれます。

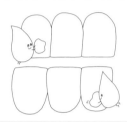

### 食べ過ぎを予防する
食べ物を何回もよくかんで食べることで、「満腹だよ」と脳が感じて、余分な食べ物が体の中に入る量を調整してくれます。

### 力がアップする
よくかんで食べると、歯や歯の周りの筋肉が発達します。さらに、歯を食いしばる力もアップして、運動能力の向上にもつながります。

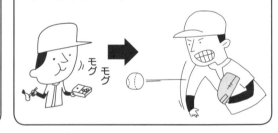

### 脳の働きが活発になる
よくかんで食べることで、脳に流れる血液の量が増えて、脳全体の働きが活発になります。そのため、学習能力の向上にもつながります。

### 食べ物がよりおいしくなる
食べ物を何回もかんで食べていると、食べ物のいろいろな味を感じることができるので、食事をおいしく感じることができます。

# よくかむことの効果 「ひみこの歯がいーぜ」

**「ひ」肥満防止**
よくかんで食べることで、脳が満腹だと感じやすくなり、食べ過ぎを防いでくれます。

**「み」味覚の発達**
かむことで、食べ物の味がよくわかるようになり、味覚が発達します。

**「こ」言葉の発音はっきり**
よくかむと、口の周りの筋肉が発達し、はっきりとした発音ができ、表情も豊かになります。

**「の」脳の発達**
脳に流れる血液の量が増えて、活発に働くようになり、記おく力がアップするなどのよい効果があります。

**「は」歯の病気予防**
だ液が多く出ることで、歯が細菌などから守られ、むし歯や歯周病を防いでくれます。

**「が」がん予防**
だ液の中には、食べ物の中にふくまれている、細菌やがんを起こす物質を減らす効果があります。

**「い」胃腸快調**
だ液は、食べ物を分解する消化液の役割もあり、胃腸への負担が軽くなります。

**「ぜ」全力投球**
力いっぱい運動をするためには、よくかむ力（歯を食いしばるための力）は欠かせません。

※標語「ひみこのはがいーぜ」：学校食事研究会発行 月刊『学校の食事』「よく噛む」8大効用より

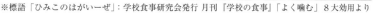

## 舌の働き

食べ物を口に入れたとき、「あまい」、「からい」、「しょっぱい」、「苦い」などのさまざまな「味」を感じます。それは、舌の「味らい」という部分から、脳に味覚の情報が送られるためです。味らいは約1万個もあります。ほかにも食べ物を口の中で混ぜる役割や、言葉をきちんと発音するのを助ける役割をしています。

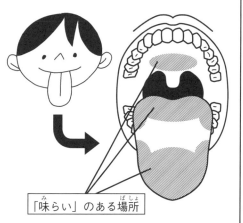

「味らい」のある場所

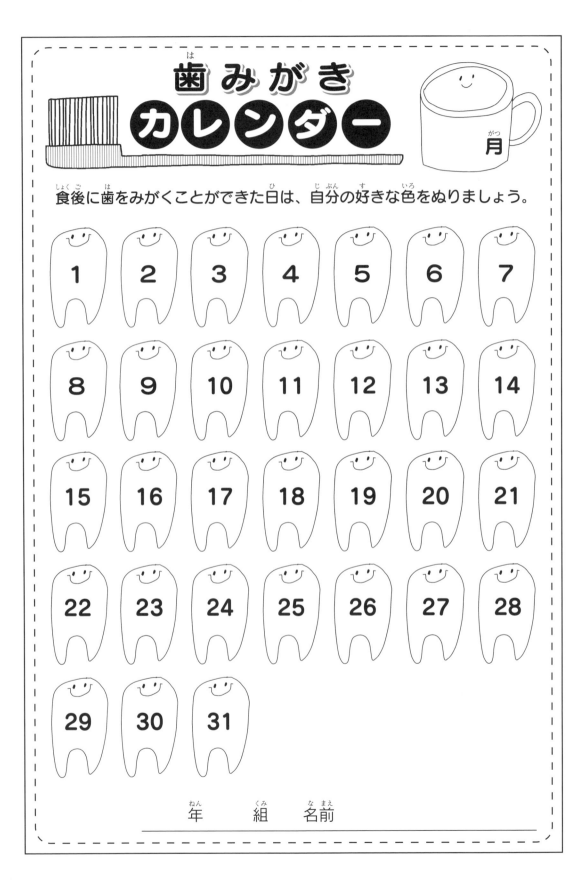

# 自分の歯ぐきをチェックしよう！

年　　　　組　　　名前

★健康な歯ぐきと歯肉炎の歯ぐきのちがい

| | 色 | 歯ぐきの形 | | さわると | 出血 |
|---|---|---|---|---|---|
| 健康な歯ぐき | ピンク色 | 三角形 | | かたい | ない |
| 歯肉炎の歯ぐき | 赤色 | 丸い | | ブヨブヨしている | ある |

自分の歯ぐきを鏡で見て、健康な歯ぐきと歯肉炎の歯ぐきのどちらに近いかをチェックしてみましょう。健康な歯ぐきに近い場合は○、歯肉炎の歯ぐきに近い場合は×を下の図につけましょう。

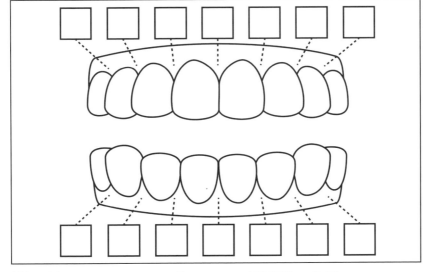

左　　　　　　　　　　　　　　　　　　　　　　　右

◎歯肉炎を治すためには……　歯みがきと食習慣を見直してみよう！

毎日しっかりと歯をみがく

あまいものをダラダラと食べない

ほかには
・よくかんで食べる
・栄養バランスのよい食事をとる
・規則正しい生活をする

# 第6章 防犯・交通安全・防災

## 防犯ブザーは使えますか？

防犯ブザーは、危険を感じたときにすぐに使えるように、ランドセルの肩ベルトのような「すぐに手が届くところ」に付けましょう。また、出かける前に、大きな音が鳴るかをチェックしましょう。

## 外出するときに伝える4つのポイント

- 「だれと？」（友だちの○○ちゃんと）
- 「どこで？」（駅前の公園で）
- 「何をして」（すべり台で遊んで）
- 「何時までに帰る」（4時30分までに帰る）

### 危険な場所には入らない

工事現場や資材置き場にはさまざまな機材が置かれています。それらにふれると、大きな事故につながることがあるので、絶対に近づいてはいけません。

また、用水路、建物の屋上も落ちる危険があるので、遊んではいけません。

### 夜間に歩いて帰るときは

遠回りでも、明るく人通りの多い道を、友だちやおうちの人と帰りましょう。

1人で帰らないといけない場合は、防犯ブザーをすぐに使える状態にして、前後左右に注意しながら歩きましょう。

### 交通ルールを守ろう

信号が点めつしていたら、次に青信号になるまで待つ

横断歩道は、青信号のときに、右、左、右を見てから手をあげてわたる

ふみ切りの音が鳴っているときに、しゃ断機をくぐらない

## 自転車に乗る前にチェックしよう

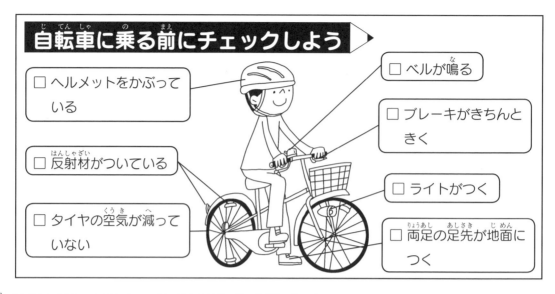

- □ ヘルメットをかぶっている
- □ 反射材がついている
- □ タイヤの空気が減っていない
- □ ベルが鳴る
- □ ブレーキがきちんときく
- □ ライトがつく
- □ 両足の足先が地面につく

## 自転車を運転する際に注意すること

自転車に乗るときは、車道の左側に寄って走りましょう。歩道を走るときは、歩行者に注意し、すぐに止まれるスピードで安全に走りましょう。また、「一時停止」の標識がある場所では一度止まりましょう。

夜間に自転車に乗るときは、必ずライトをつけましょう。ライトをつけるのは、自分の進む道を照らすだけではなく、ほかの人や車に自分の存在を知らせて事故を防ぐためです。

### やってはいけない危険な運転

以下の運転は、事故につながるので絶対にやめましょう。

- ・二人乗り
- ・かさやケータイ・スマホを持ちながらの運転
- ・ヘッドホンをつけながらの運転
- ・夜間にライトをつけない
- ・運転中に両手をハンドルからはなす
- ・スピードの出し過ぎ

※答えは53ページにあります。

## 地しんが起きたとき
### 校内にいたら

　教室にいるときは、窓ガラスからはなれて、机の下にもぐり、机の足の部分をにぎって、ゆれがおさまるのを待ちます。
　体育館やろう下にいるときは、照明や窓ガラスからはなれ、頭を手でおおい、低い姿勢になって、ゆれがおさまるまで待ちましょう。

## 地しんが起きたとき
### 家の中にいたら

　まずは、頭を守ることが大切です。じょうぶな机やテーブルが近くにあるときは、すぐに下にもぐりましょう。
　近くにじょうぶな机がないときは、

・照明などの上から落ちる危険があるもの
・本だななどのたおれる危険があるもの
・車輪がついていて、動きやすいもの

からはなれ、ゆれがおさまるまでは、低い姿勢で、まくらやクッション、厚い本などで頭部を守りましょう。

## 地しんが起きたとき
### 屋外にいたら

　ブロックべいや自動はん売機は、地しんでたおれる危険があります。
　また、電柱や電線はたおれたり、感電したりする危険があり、ビルの真下は、看板や窓ガラスが落ちてくる危険があります。
　これらのものからはすぐにはなれ、ゆれがおさまるまで、低い姿勢で、かばんなどで頭を守りましょう。

## 地しんが起きたとき
### 海・川の近くにいたら

　地しんが起こると海では高い津波が発生することがあります。そのため、海の近くにいたときは、できるだけ高い場所を目指して、ひなんしましょう。津波は川を逆流してくることもあるので川沿いにいた場合でも、すぐに高い場所にひなんしましょう。

## 「緊急地震速報」を見聞きしたら

緊急地震速報とは、強いゆれがすぐに来ることを、テレビやラジオ、けい帯電話、防災無線などを通して、事前に知らせてくれる警報です。

緊急地震速報を見聞きしたときの対処
・屋内の場合…机やテーブルの下に入り頭を守る
・屋外の場合…ブロックべいや電柱からはなれる
・エレベーターに乗っている場合…全部の階のボタンを押して、ドアが開いた階ですぐに降りる

## 非常持ち出し袋を準備しておこう

大きな地しんが起こった直後は、電気や水道が使えず、食べ物も手に入らなくなることがあります。水や保存食、かい中電灯などを入れた「非常持ち出し袋」を用意しておきましょう。

非常持ち出し袋は、きちんと持ち運べる形のもので、すぐに持ち出せる場所に置きましょう。

### 非常持ち出し袋の中には

水、保存食（かんパン、かんづめ）、かい中電灯、ラジオ、タオル、軍手、かん電池、救急用具、マスク、ビニールぶくろ、ティッシュ、雨具、歯ブラシ、プラスチックかアルミ製のコップなどを入れましょう。

※ 袋は専用のものがなければ、じょうぶなリュックサックでも構いません。
※ 水や保存食の賞味期限が切れていないか、かい中電灯やラジオがきちんと使えるかを定期的にチェックしましょう。

## ひなん場所を知っておこう

学校や公園などには「ひなん場所」と書かれている場所があります。ここは地しんなどの災害が起こった後で、安全に過ごせるように設けられています。

自分の家やいつも遊ぶ場所に一番近いひなん場所を覚えておきましょう。

## 火災が起きたら

火災が発生したときは、あわてずにひなんしましょう。けむりが部屋の中まで入ってきている場合は、けむりを吸いこまないように、ハンカチなどで口と鼻をおおいましょう。また、けむりは高い方に上がっていくので、低い姿勢でひなんしましょう。

## ひなんの合い言葉「おかしも」

× **お**さない
× **か**けない
× **し**ゃべらない
× **も**どらない

## 119番に電話をしたときに伝えること

（消防署）消防署です。火事ですか？ 救急ですか？
（通報者）火事です。
（消防署）名前は？ 住所はどこですか？
（通報者）○○○○です。（わからない場合は近くの目印となる建物や交差点の名前を伝える）
（消防署）何が燃えていますか？
（通報者）1階の部屋が燃えています。

## 消火器の使い方

まだ、火が燃え広がっていない場合は、消火器で消すことができます。いざというときに使えるように、使い方を覚えておきましょう（防災訓練に参加して実際に使ってみるとよいでしょう）。

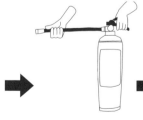

1 「安全せん」をぬきます。
2 ホースを外して火元に向けます。
3 レバーを強くにぎって、消火します。

第6章　防犯・交通安全・防災

## 大雨・台風のときは

　春〜夏に急に大雨が降り出すことがあります。また、夏や秋は、台風で暴風雨や大雨が増えます。テレビやラジオで台風や大雨の注意をしているときは、できるだけ外出をひかえて、屋外で大雨が降ったときは、近くのがんじょうな建物にひなんしましょう。
　特にがけや川のそばは危険なので、絶対に近づいてはいけません。

## かみなりが鳴っているときは

　かみなりは、木や電柱などの高いものに落ちますが、人に落ちると大きなけがにつながります。
　かみなりが鳴っているときは外出をひかえ、建物の中にいましょう。
　登下校時にかみなりが鳴ったとき、高い木のそばにいると、その木に落ちて、人体にも飛び移る危険があるので、木からはなれましょう。

## クイズの答え

①遊具の近くでボール遊びをすると、遊具にぶつかったりボールで転んだりしてけがをしやすくなります。
②机の上で遊ぶと落ちる危険があります。また、いすをたおしたままでいると、ほかの人が転ぶ危険があります。
③窓から体を乗り出すと落ちる危険があります。
④カッターの先は、人に当たると危険です。
⑤ポケットに手を入れて歩くと、転んだときに手をつけずに大きなけがにつながります。
⑥よそ見をしてろう下を走っていると、ぶつかってけがをしやすくなります。
⑦上ばきのかかとをふんで歩いていると、転びやすくなります。
⑧⑨階段の手すりに乗って遊んだり、階段で段をぬかして上り下りをしたりすると、階段から落ちてけがをする危険があります。
⑩ろう下を走っていると、周囲の状きょうに気づかずにけがをしやすくなります。ここでは、こぼれた水ですべって転ぶ危険があります。

# 第7章 かぜ・インフルエンザの予防

## かぜとインフルエンザのちがい

|  | かぜ | インフルエンザ |
|---|---|---|
| ウイルス | ライノウイルス、コロナウイルス、アデノウイルスなど | インフルエンザウイルス |
| 進み方 | ゆるやか | 急激 |
| 発熱 | 37～38℃未満の熱 | 38℃以上の高熱 |
| 主な症状 | くしゃみ、鼻水、鼻づまり、のどの痛みなど | 左の「かぜ」の症状に加えて、足こしの関節に強い痛み、だるさ、寒気がするなど |
| 治るまで | 数日（一定ではない） | 7～10日くらい（症状が出てから5日たち、熱が下がってから2日過ぎるまでは登校停止） |

### インフルエンザウイルスとは？

　インフルエンザウイルスはA型、B型、C型の3種類があります。B、C型はヒトだけが感染するウイルスですが、A型はヒトだけではなく、鳥やブタ、ウマなどの動物にも感染します。

　また、インフルエンザウイルスには「HA」と「NA」と呼ばれる2種類のとげのようなものがついています。A型の場合、「HA」と「NA」の構造が、毎年少しずつ変化していて、めんえきがつくりづらいため、インフルエンザに毎年かかることがあるのです。

**A型**
A型は144種類もあり、ヒトや鳥、ブタ、ウマなどにも感染します。

**B型**
B型は2種類あり、どちらもヒトのみに感染します。

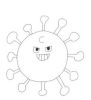

**C型**
C型は1種類のみで、A型やB型と比べて、症状が軽く、かぜをひいたときと同じです。

第7章　かぜ・インフルエンザの予防

## かぜやインフルエンザはどのようにしてうつるの？

〈飛まつ感染〉

　かぜやインフルエンザを起こすウイルスは空気中では長く生きられません。

　しかし、せきやくしゃみなどで口から飛ぶつばのしぶき（「飛まつ」といいます）の中にウイルスが入っていて、それを鼻や口から吸いこむことで感染することがあります。これを「飛まつ感染」といいます。

〈接しょく感染〉

　インフルエンザやかぜにかかった人の飛まつや鼻水の中にウイルスや細きんがいた場合、その飛まつや鼻水にさわり、その手から口などに入った場合も感染します。これを「接しょく感染」といいます。

　たとえばくしゃみをおさえた手で物にさわり、それをほかの人がさわり、手から口などに入ると感染することがあります。

## かぜやインフルエンザを予防するには？

うがいをする　　こまめに手を洗う　　マスクを着用する　　こまめにかん気をする

栄養バランスのよい食事　　毎日運動をする　　しっかりすいみんをとる　　加しつをする

## うがいのやり方

うがいには、細菌などの病原体を洗い流したり、口の中を清潔にして、しめり気をあたえるなどの効果があります。

外から帰ったときなどに、「ブクブクうがい」と「ガラガラうがい」をしましょう。

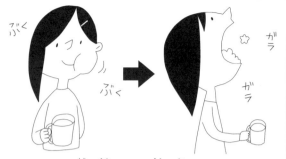

「ブクブク」と口の中をゆすいで、口の中のよごれなどを取り除きます。

上を向き「ガラガラ」とのどをすすいで、のどのおくのよごれを取ります。

## 手洗いのやり方

手を洗うことは、かぜやインフルエンザの予防に有効です。

外から帰ったときや食事の前などに、こまめに手を洗いましょう。

石けんを使って、手のすみずみまで洗い、洗い終わったら清潔なタオルやハンカチで水気をふき取りましょう。

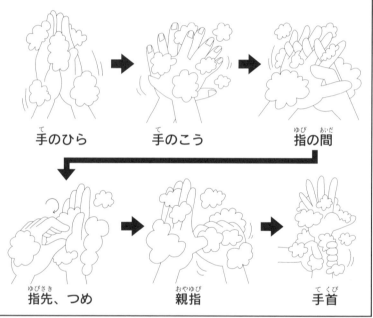

手のひら　手のこう　指の間

指先、つめ　親指　手首

## 「アルコール消毒」をするときは

水で手洗いができない場所では、アルコールをふくんだ手指消毒薬を使いましょう。

手を洗うときと同様に、手のひらやこう、指の間や指先、つめ、親指、手首までアルコールをつけて消毒しましょう。

## マスクの効果

マスクは、鼻や口に、細菌などの病原体をふくんだ飛まつが入るのをガードし、のどのかんそうも防ぎます。

また、かぜやインフルエンザにかかったときにマスクをつけると、ほかの人への感染も防げます。

### ①飛まつから守る

不織布マスクの中央は、細かいあみ目のようになっていて、飛まつが入るのを防ぎます。

### ②のどをかんそうから守る

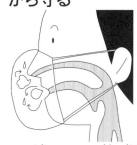

はいた息がマスクの中で水分となり、のどをかんそうから守ります。

## マスクのつけ方・外し方

### マスクのつけ方

マスクの針金が入った部分を上にして、鼻からあごまで広げます。

針金が入っている部分を鼻に当てて、すき間が空かないように、鼻におし当てます。

マスクの両側に付いたゴムひもを、しっかりと耳にかけて、位置を調整します。

### マスクの外し方

片方の耳にかかったマスクのゴムひもを持ち、中央をさわらずに外します。

中央の部分にさわらないように注意しながら、もう片方のゴムひもを外します。

ゴムひもを持って、ごみ箱に捨てます。

第7章 かぜ・インフルエンザの予防

## 部屋を加しつするときは
空気がかんそうするとインフルエンザにかかりやすくなります。特にかんそうしやすい室内では、加しつ器などを使って適切なしつ度（50〜60%）を保つことも予防に効果的です。

ぬらしたタオルを室内に干しても効果があります。

## こまめにかん気をしよう
かん気をすることで、よごれた空気を外に出し、きれいな空気を室内に入れることができます。かん気で窓を開ける際に、その向かい側にも窓かとびらがある場合は、両方開けて空気の通り道をつくると、きれいな空気がよりたくさん室内に入りやすくなります。

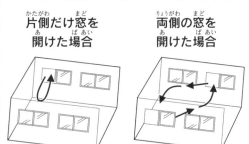

片側だけ窓を開けた場合　　両側の窓を開けた場合

## 自分の「平熱」を知っておこう！
健康なときの体温「平熱」を知っておくと、かぜやインフルエンザなどによる発熱の判断がすぐにできます。平熱は人によってちがうので、体調がよいときに体温を測って、自分の平熱が何度かを知っておきましょう。

## 正しい体温の測り方

あせが付いているとうまく測れないので、かわいたタオルなどで軽くわきをふきます。

わきの下のくぼんだ部分に、体温計の先たんをななめ下から上におし上げるように当てます。

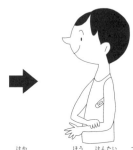
測っている方と反対の手でうでを軽くおさえて、わきを閉じ、体温計の音が鳴るまで待ちます。

## 線毛の働き

線毛は鼻やのどのおくにたくさん生えている細ぼうで、毛のような形で「ねん液」という液体にひたされています。線毛が動くと、ねん液に川のような流れができ、のどや鼻から入ったウイルスや細菌を外に出してくれます。

しかし、のどがかんそうすると、線毛やねん液を出す細ぼうもかんそうして正常に働かなくなり、ウイルスや細菌が増えて、病気にかかりやすくなります。

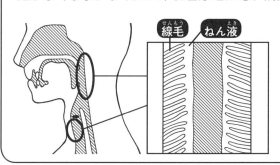

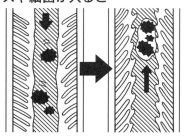
ウイルスや細菌が入ると

## かぜ・インフルエンザと戦う細ぼうたち

### 好中球

めんえき細ぼうの中で一番最初にウイルスや細菌を食べて、体に入るのを防ぎます。

### マクロファージ
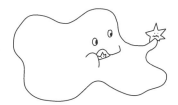
好中球とともに、ウイルスや細きんを食べ、ヘルパーT細ぼうに情報を伝える役割もします。

### T細ぼう
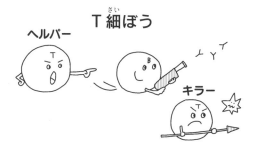
ヘルパーT細ぼうとキラーT細ぼうがあり、ヘルパーT細ぼうはほかの細ぼうにウイルスや細きんをこうげきする命令をします。キラーT細ぼうはその命令を受けて病原体をこうげきします。

### B細ぼう

ヘルパーT細ぼうの命令を受けて、ウイルスや細きんなどの病原体に応じた「こう体」をつくってこうげきします。さらに、その病原体の情報を覚えて、次の戦いに備えます。

## 「飛まつ」はどれくらい飛ぶの？

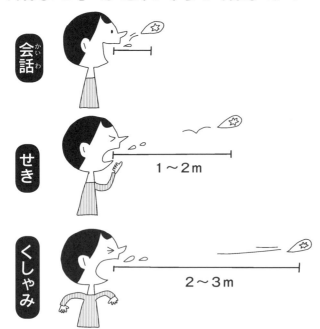

くしゃみやせきで飛ぶつばは、目には見えなくてもしぶきになって遠くまで飛び出します。

このしぶきを「飛まつ」といい、インフルエンザなどのウイルスが入っているとほかの人の体内に入って、感染することがあります。

飛まつはせきの場合は約2m、くしゃみだと約3mも飛び、会話のときでも短いきょりですが飛んでいます。

## 「せきエチケット」を心がけよう！

せきやくしゃみで飛ぶ飛まつによって、ほかの人にかぜやインフルエンザを感染させることがあります。それを防ぐようにみんなで守るのが「せきエチケット」です。

### マスクをつける

マスクは、細かいあみ目のようになっていて、飛まつがすりぬけることができません。そのため、マスクをつけることで、飛まつが飛び出すのを防げます。

### マスクをしていないときでも

くしゃみやせきが出そうなときは、ティッシュや服のそでで口をおさえて、できれば、ほかの人からはなれ、顔をそむけるようにしましょう。

## インフルエンザにかかってしまったら…

インフルエンザは寒気が出るのに続いて 38〜40℃の高熱となり、あちこちに痛みが出てだるくなります。

病院でみてもらい、安静にして休養をとりましょう。しっかりとすいみんをとることは特に大切です。

また、水分もしっかりと補給しましょう。お茶やスープなど、飲みたいもので構いません。

## 学級閉さになったときは

健康な状態であっても、学校の許可があるまで登校してはいけません。

病気の感染を防ぐためのお休みなので、できるだけ外出はひかえましょう。

## 「鳥インフルエンザ」って何？

カモなどの渡り鳥もインフルエンザに感染します。これを「鳥インフルエンザ」といい、渡り鳥からニワトリなどの家ちくに感染して、ニワトリがたくさん死ぬことがあります。

しかも、鳥インフルエンザのウイルスは、人の体内で形を変えて、新たなインフルエンザとして、私たちの間で流行する危険性もあります。

鳥の死がいには、インフルエンザウイルスがいる場合があるので、近づいてはいけません。

# 第8章 学校感染症

## 学校感染症一覧

(保護者・教員向け)

| | 対象の感染症 | 出席停止期間の基準 | |
|---|---|---|---|
| 第一種 | エボラ出血熱 | 第一種の感染症にかかった者については、治癒するまで。 | ※第一種若しくは第二種の感染症患者のある家に居住するものまたはこれらの感染症にかかっている疑いがある者については、予防処置の施行の状況その他の事情により、学校医その他の医師において感染のおそれがないと認めるまで。<br><br>※第一種または第二種の感染症が発生した地域から通学する者については、その発生状況により必要と認めたとき、学校医の意見を聞いて適当と認める期間。<br><br>※第一種または第二種の感染症の流行地を旅行した者については、その状況により必要と認めたとき、学校医の意見を聞いて適当と認める期間。 |
| | クリミア・コンゴ出血熱 | | |
| | 南米出血熱 | | |
| | ペスト | | |
| | マールブルグ病 | | |
| | ラッサ熱 | | |
| | 急性灰白髄炎(ポリオ) | | |
| | ジフテリア | | |
| | 天然痘(痘そう) | | |
| | 重症急性呼吸器症候群<br>(病原体がコロナウイルス属SARSコロナウイルスであるものに限る) | | |
| | 鳥インフルエンザ<br>(病原体がインフルエンザA属インフルエンザAウイルスであって、その血清亜型がH5N1であるものに限る) | | |
| 第二種 | インフルエンザ<br>(鳥インフルエンザ《H5N1》及び新型インフルエンザ等感染症を除く) | 発症した後5日を経過し、かつ解熱した後2日を経過するまで。 | |
| | 百日咳 | 特有の咳が消失するまで、または5日間の適正な抗菌性物質製剤による治療が終了するまで。 | |
| | 麻しん | 解熱した後3日を経過するまで。 | |
| | 流行性耳下腺炎 | 耳下腺、顎下腺または舌下腺の腫脹が発現した後5日を経過し、かつ全身症状が良好になるまで。 | |
| | 風しん | 発しんが消失するまで。 | |
| | 水痘 | すべての発しんが痂皮化するまで。 | |
| | 咽頭結膜熱 | 主要症状が消失した後2日を経過するまで。 | |
| | 結核 | 病状により学校医その他の医師において感染のおそれがないと認めるまで。 | |
| | 髄膜炎菌性髄膜炎 | 病状により学校医その他の医師において感染のおそれがないと認めるまで。 | |
| | | 結核及び髄膜炎菌性髄膜炎を除く第二種の感染症にかかった者については、病状により学校医その他の医師において感染症のおそれが無いと認めたときは、上記の期間の限りではない。 | |
| 第三種 | コレラ | 第三種の感染症にかかった者については、病状により学校医その他の医師において感染のおそれがないと認めるまで。 | |
| | 細菌性赤痢 | | |
| | 腸管出血性大腸菌感染症 | | |
| | 腸チフス | | |
| | パラチフス | | |
| | 流行性角結膜炎 | | |
| | 急性出血性結膜炎 | | |
| | その他の感染症 | | |

感染症の予防及び感染症の患者に対する医療に関する法律(平成10年法律114号)第6条第七項から第九項までに規定する新型インフルエンザ等感染症、指定感染症及び新感染症は、前項の規定にかかわらず、第1種の感染症とみなす。

## 「第三種 その他の感染症」とは？

「その他の感染症」とは、何らかの感染症が流行した場合、その病気が重かったり、欠席者が多くて授業をしても能率が上がらなかったり、子どもや保護者の間で不安が大きかったりした場合に、状況に応じて、学校長が学校医の意見を聞いて緊急的に「学校感染症の第三種感染症扱い」にすることもあるという意味で設けられています。

### 「その他の感染症」になり得る学校で流行する感染症の例

- 溶連菌感染症 ・ウイルス性肝炎 ・手足口病 ・伝染性紅斑（りんご病）
- マイコプラズマ感染症 ・感染性胃腸炎 ・水いぼ ・とびひ（伝染性膿痂しん）
- サルモネラ感染症 ・カンピロバクター感染症 ・肺炎球菌感染症
- インフルエンザ菌b型（Hib）感染症 ・単純ヘルペスウイルス感染症
- 急性細気管支炎（RSウイルス感染症） ・疥癬 ・EBウイルス感染症 ・帯状疱しん
- アタマジラミ ・カンジダ感染症 ・トンズランス感染症 ・ヘルパンギーナ など

## 「予防接種」って何だろう？

私たちの体に入ったウイルスや細菌などの病原体は、「白血球」や「リンパ球」と呼ばれる細ぼうがとり囲んでこわします。このときに病原体を覚えておき、2度目に体に入ったときに、この病原体が入ったときだけに効く物質（こう体）をたくさんつくって病原体をこわします。この働きを「めんえき」といいます。

弱らせたウイルスや細菌などの病原体を、注射などで人工的に体の中に入れて、あらかじめ「こう体」をつくっておくのが「予防接種」です。

### 予防接種をうけるときの注意

ウイルスや細菌を弱らせていても、予防接種を受ける人の「めんえき」の働きが弱っている場合は、病気にかかってしまう危険性があります。そのため、予防接種を受けるときは、平熱の状態であることが望ましく、熱がある（37.5度以上）場合は受けることができません。

## 主な学校感染症

### 麻しん（はしか）

**病原体** 麻しんウイルス

**症状** 最初は発熱やせき、鼻水などのかぜの症状が現れます。3～4日で一時熱が下がりますが、その後高熱が出て、口の中に小さい白いポツポツ（コプリックはん）ができます。

その後、全身に赤いポツポツができ高熱が数日間続きます。

**登校について** 感染力が強く、解熱した後3日を過ぎるまでは出席停止になります。

### 風しん

**病原体** 風しんウイルス

**症状** 発熱と同時に、赤く細かいポツポツが全身に出ます。熱は3日ほどで下がりますが、赤いポツポツが消えるまでには、さらに数日間かかることがあります。

似たようなポツポツが出る病気がほかにもあるので、病院で検査してもらう必要があります。

**登校について** 赤いポツポツがきれいに無くなるまでは、出席停止になります。

### 流行性耳下腺炎（おたふくかぜ）

**病原体** ムンプスウイルス

**症状** 耳たぶの付け根（耳下腺）やあごの下がはれて、ほほがふくらんだようになります。ほかの症状としては少し熱が出る程度で、約1週間で回復します。

一度かかるとめんえきができるので、二度かかることはありません。

**登校について** 耳下腺がはれてから5日が経過し、体の状態が良好になるまでは、出席停止になります。

### 水痘（水ぼうそう）

**病原体** 水痘・帯状疱しんウイルス

**症状** 全身に数個の赤いポツポツが現れ、そこが、半日から1日で水ぶくれのような状態になります。

水ぶくれは、数日で黒いかさぶたになりますが、どんどん新しい水ぶくれができ、すべての水ぶくれがかさぶたになるまでに約1週間かかります。

**登校について** すべての水ぶくれがかさぶたになるまでは、ほかの人に感染することがあるので出席停止になります。

# 主な学校感染症

## 百日咳

**病原体** 百日咳菌

**症状** かぜの症状から始まり、やがて「コンコン」と激しくせき込んだ後、「ヒュー」と笛をふくような特有のせきが何度も出るようになります。

1か月を過ぎるとせきの回数は減りますが、1日数回は激しいせきが続き、回復に約3か月かかることがあります。

**登校について**
特有のせきが治まるか、5日間の適正な治りょうを終えるまでは出席停止となります。

## 咽頭結膜熱（プール熱）

**病原体** アデノウイルス

**症状** 目やにが出て、目がはれて、じゅう血します。さらに、せきや鼻水、のどの痛みなどの症状に加えて 38～40℃の熱が出ますが、数日経過すると症状が回復します。夏にプールで感染することがあるので「プール熱」と呼ばれますが、日常生活の中でもよく感染します。

**登校について**
症状が治まった後、2日間を過ぎるまでは、出席停止となります。

## 流行性角結膜炎（はやり目）

**病原体** アデノウイルス

**症状** 目やにが出て、目がじゅう血し、まぶたがはれて、なみだがよく出るようになります。目に症状が強く出る以外に、発熱することもあります。

目やにや目やににふれた手や物からほかの人に感染します。

**登校について**
目の症状が軽くなっても、感染することがあるので、医師から許可が出るまでは、出席停止になります。

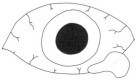

## 急性出血性結膜炎

**病原体** エンテロウイルス

**症状** 流行性角結膜炎と同様に、目やにが出て、目がじゅう血し、まぶたがはれて、なみだがよく出るようになります。

目に痛みが出ることがありますが、視覚に障害が出ることはありません。

**登校について**
目の症状が軽くなっても、感染することがあるので、医師から許可が出るまでは、出席停止になります。

# 主な学校感染症

### 腸管出血性大腸菌感染症

**病原体** O157、O26、O111など

**症状** 感染しても、半数以上は症状が無い、あるいは軽いげりがある程度です。しかし、水のようなげりが出て、それに続いて強い腹痛と血便が現れた場合は注意が必要です。

症状が強いほど、脳症などの重い病気にかかり、死に至る危険もあります。

**登校について**

げりなどの症状が出て、細菌が検出されたときは、医師から許可が出るまでは、出席停止になります。

### 感染性胃腸炎

**病原体** ノロウイルス、ロタウイルスなど

**症状** はいたり、げりをしたりする症状が突然現れます。感染力が強く、感染者の便やはいた物が原因となり、それにふれた人を通じて、感染が広がることがよくあります。また、カキなどの二枚貝を生で食べて感染する場合もあります。

**登校について**

症状が回復し、体調がよければ登校できます。便にウイルスが残っている場合があるので手洗いを念入りにしましょう。

### サルモネラ、カンピロバクター感染症

**病原体** サルモネラ菌、カンピロバクター菌

**症状** 十分に火が通っていない生の肉や卵、牛乳、魚などの食品からの感染が多く、げり、血便が出て、熱が出たり、はいたりすることもあります。

**登校について**

症状が回復すれば登校可能ですが、回復後もしばらく、菌が便から出ることがあるので、トイレの後は念入りに手洗いをすることが大切です。

### 溶連菌感染症

**病原体** 溶連菌（A群β溶血性レンサ球菌）

**症状** 高熱が出て、のどがはれ、通常のかぜの症状よりも少し重い感じがします。舌が「イチゴ舌」と呼ばれるイチゴのように赤くザラザラとした状態になるのも特徴です。全身に赤いポツポツが出ることもあります。

**登校について**

適切な治りょうが行われると、24時間以内に感染力が無くなるので、24時間を過ぎて体調がよければ登校可能です。

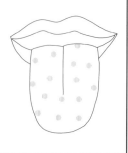

## 主な学校感染症

### マイコプラズマ感染症

**病原体** マイコプラズマ

**症状** 発熱や頭痛などの症状から始まり、たんがあまりからまないかわいたせきが出ます。せきやくしゃみの飛まつ（しぶき）からほかの人にも感染します。

自然に治ることが多いですが、せきや熱が長引くと肺炎を起こすことがあるため、注意が必要です。

**登校について**
症状が改善して、健康な状態なら登校が可能です。

### 伝染性紅斑（りんご病）

**病原体** ヒトパルボウイルスB-19

**症状** ほおがりんごのように赤くなるのが特徴です。それに続いて、手足に、赤いポツポツがあみ目のように出ることがあります。症状は1週間程度で消えますが、長く続くこともあります。一度かかるとめんえきができて、二度かかることはほぼありません。

**登校について**
ほおが赤くなったときは感染力がほとんどないので、健康状態がよい場合は登校できます。

### 単純ヘルペスウイルス感染症

**病原体** 単純ヘルペスウイルス

**症状** 子どもの場合は、「口しんヘルペス」や「歯肉口内炎」が多いです。口しんヘルペスはくちびるの周囲に水ぶくれのようなものができます。「歯肉口内炎」は口の中やくちびるがただれたり、ポツポツができたりして痛みが出ます。

**登校について**
症状がくちびるや口の中だけのときは、マスクをして登校できますが、発熱している場合は欠席して病院でみてもらいましょう。

### 手足口病

**病原体** エンテロウイルス

**症状** 手のひらや足の裏、指と指の間、くちびるや口の中に小さいポツポツができます。のどが痛み、38度前後の熱が出ることもあります。

ほとんどは3〜7日程度で自然に回復しますが、微熱が続いたり、39度以上の高熱がある場合は、重い病気を起こす危険性があるので、注意が必要です。

**登校について**
熱がある場合は欠席し、全身の健康状態がよくなれば登校できます。

## とびひ

**病原体** ブドウ球菌、溶連菌など

**症状** 虫さされなどでかきむしって傷ついた皮ふから感染し、水ぶくれやかさぶたができて、強いかゆみが出ます。水ぶくれやかさぶたは、皮ふのあちこちに広がり、体中がかゆくなり、かいた手からほかの人にも感染します。

**登校について** とびひの程度で状きょうが異なるので、医師や学校と相談して、登校可能かどうかを判断しましょう。

## とびひを予防するには

とびひはあせもや虫さされなどでかゆくなった皮ふを手でかきむしって、傷ついた部分から感染します。

皮ふがかゆくならないように、体を清潔にして、つめを短く切り、皮ふをかいてしまっても傷つけないようにすることがとびひの予防につながります。

## 水いぼ

**病原体** 伝染性軟属腫ウイルス

**症状** 体や手足（特にわきの下やうでの内側のこすれやすい部分）に、小さないぼができます。いぼができる以外には、症状はほとんどありません。治りょうしなくても、時間はかかりますが、数か月から数年で自然に消失します。

**登校について** 登校停止などの必要はありません。いぼは、いずれ消えてなくなることを理解しておきましょう。

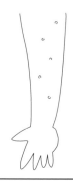

## 水いぼを予防するには

水いぼは、プールでタオルを水いぼのある人と共有することで感染することがあります。

プールで、ほかの人とタオルを共有すると、水いぼのほかにも、とびひやアタマジラミ、プール熱などの感染につながるので、やめましょう。

## アタマジラミとは？

アタマジラミは、頭皮の血を吸い、栄養にします。血を吸われても最初はかゆみが出ませんが、しばらくすると、強いかゆみが出ます。

かみの毛がほかの人と直接ふれあったり、くしなどの頭にふれるものを共有したりすることで、感染します。

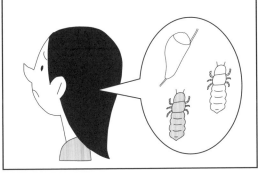

## かみの毛で成長するアタマジラミ

アタマジラミの幼虫は、かみの毛の上で成虫となり、長くて約1か月生きます。

成虫になると、かみの毛に卵を産みつけて増えていきます。卵は、かみの毛にしっかりと産みつけられるので、指で引っ張っても取れません。

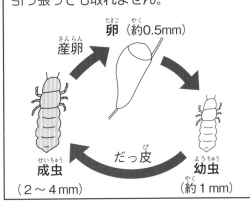

## アタマジラミはどのようにしてうつるの？

アタマジラミは、かみの毛がほかの人と直接ふれあったり、くしやぼうしなどをほかの人と共用したりすることでうつります。

アタマジラミがあると「不潔」というイメージを持つ人がいますが、不潔であることが原因で寄生するのではありません。

## アタマジラミがうつってしまったら

アタマジラミがうつってしまったら、ベビーオイルなどでかみをしめらせた後、目の細かい専用のくしでといて、虫や卵を取り除きましょう。

また、専用のシャンプーやパウダーを3日に一度、4～5回ほど使ってアタマジラミを除去する方法もあります。卵が残っていると、寄生をくり返すことがあるので、注意が必要です。

# 第9章 体の成長と性

## 身長がのびる時期に大切なこと

身長は、小学校高学年のころから大きくのびる時期をむかえます。

のび方は一人ひとりちがいますが、すいみんと運動、食事が身長がのびるのに大きく関わっています。

私たちの体は、脳から成長ホルモンが分ぴつされ、骨や筋肉の発育がうながされると、身長がのびていきます。成長ホルモンは、日中に運動して、ぐっすりとすいみんをとることで多く分ぴつされます。

また、朝・昼・晩に栄養バランスのよい食事をとることも、骨や筋肉が発達するのに欠かせません。

## 成長ホルモンとは？

成長ホルモンとは、骨をのばし、筋肉などの発達をうながすホルモンで、脳にある「下垂体」と呼ばれる部分から分ぴつされます。

成長ホルモンは、夜にねむりが深くなると多く分ぴつされるため、日中に体をしっかりと動かして、夜に熟すいすることが、体の成長に大切です。

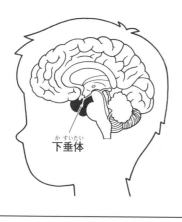
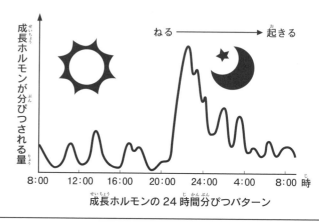

成長ホルモンの24時間分ぴつパターン

# 成長の記録

名前 _____

身長をグラフに記録して、どれだけ成長したかをみてみましょう。

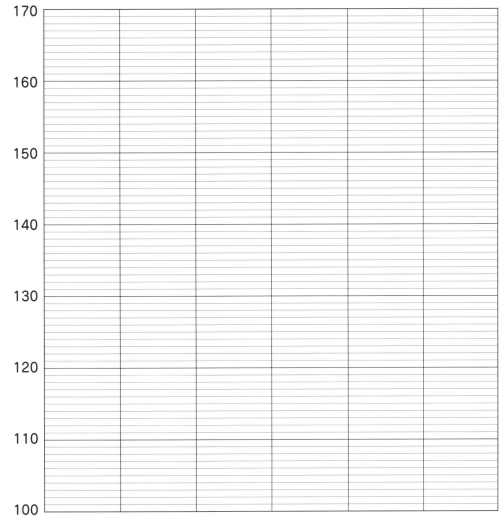

| 身長 | 1年 | 2年 | 3年 | 4年 | 5年 | 6年 |
|---|---|---|---|---|---|---|
| | cm | cm | cm | cm | cm | cm |

## 成長には「個人差」がある

私たちの体は、年れいとともに変化していきます。その中で、思春期は身長が大きくのびる時期です。

しかし、のび始める時期やのびる速さには、「個人差」があり、人によってちがいます。

周りの人とのちがいは気にせずに、毎日運動をして、すいみんや食事をしっかりととって、自分のスピードで成長していくことが大切です。

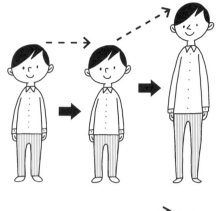

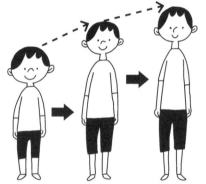

## 「体」が成長する中で変化する「心」

思春期は体が成長し変化するとともに、「心」も変化をする時期です。

だれかを好きになって、勉強に手がつかなくなったり、今まで好きだったしゅみに気持ちが向かなくなったり、好きな子のことでなやんだりすることがあります。

一方で好きな子に対して、ちょっかいを出したり、反発し合ったりしてしまうこともあります。

この心の変化は、だれにでもある大人への成長の一歩なのです。

第9章 体の成長と性

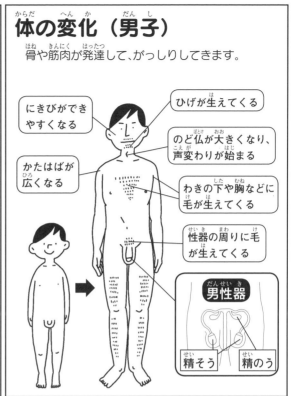

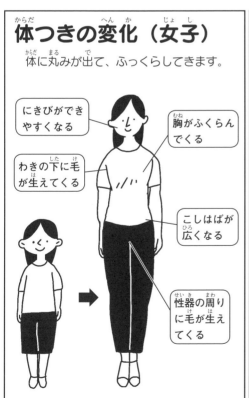

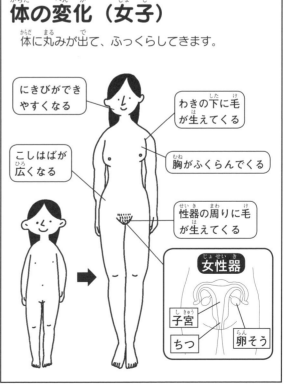

73

## 体の変化が起こる仕組み

思春期になると、男子は体毛がこくなる、体の筋肉が発達するなどの変化が現れます。一方、女子は、全体的にふっくらとした体つきに変化します。この変化を「二次性徴」といいます。

二次性徴は、脳の下垂体からホルモンが分ぴつされ、男子は精そうから男性ホルモンが、女子は卵そうから女性ホルモンがたくさん出ることで起こります。

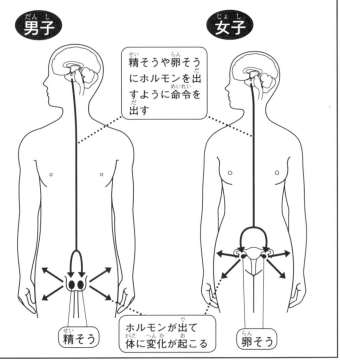

## 月経の仕組み

子宮は、レモンくらいの大きさで、赤ちゃんが育つところです。

思春期になると、将来赤ちゃんが産めるように、右の図のような準備が行われます。これを「月経」といい、初めての月経を「初経」といいます。

思春期はまだ体が発達している途中なので、初めは不規則に来ることもありますが、3～5年くらいたてば、安定します。

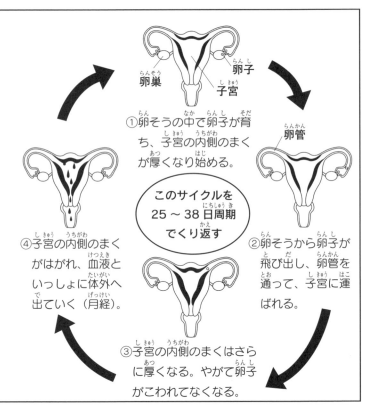

## 月経時に注意すること

月経は、思春期に始まる大人の女性になるための準備です。月経中だからといって、特別、日常生活を変える必要はありません。月経中であっても、入浴やシャワーで清潔を保ちましょう。

また、ナプキンを交かんするときは、トイレには流さずに、専用の容器に捨てましょう。便器をよごしたらふいておくのもマナーです。

もし校内で服や下着がよごれてしまったら、保健室の先生に相談しましょう。

## ナプキンの交かん方法

①血の付いた部分を内側にして小さくたたみます。

②ナプキンの包みか、トイレットペーパーに包みます。

③備え付けの容器に捨てます。

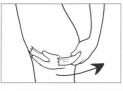
④用を済ませたら、外陰部を前から後ろへふきます。

⑤新しいナプキンをふくろから出します。

⑥テープの付いている方をショーツに当てます。

⑦羽つきの場合は、羽をはさんで、反対側に折り返します。

⑧ショーツを上げ、体にぴったり合っていることを確かめます。

## 射精の仕組み

思春期になると、体の中の精そうと呼ばれるところで、命のもととなる精子が作られ始めます。

精子は1日に5000万〜1億個作られ、いろいろな液体と混ざって精液となり、体の外に出されます。これを「射精」といい、初めての射精を「精通」といいます。

おしっこと精液は出る場所はいっしょですが、全くちがうものです。

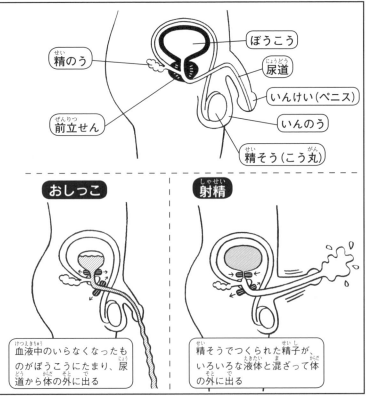

おしっこ: 血液中のいらなくなったものがぼうこうにたまり、尿道から体の外に出る

射精: 精そうでつくられた精子が、いろいろな液体と混ざって体の外に出る

## 「精通」って何だろう？

男の子は思春期に命のもとになる精子が作られ始め、いんけい（ペニス）を通じて、体の外に出されます。初めて体の外に出ることを「精通」といいます。精通の起こる時期は、一人ひとりちがいます。朝起きたときに、白っぽい液体（精液）がパンツに付いていておどろくかもしれませんが、それは大人の体に近づいたことを意味していて、はずかしいことでなく、だれにでもおとずれることなのです。

## 精子と卵子

### 精子
長さが0.05〜0.07mmでオタマジャクシのような形をしています。

### 卵子
直径が0.13〜0.15mmで丸く、ボールのような形をしています。

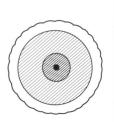

## 赤ちゃんが生まれてくるまでの道のり

赤ちゃんは、お母さんのおなかの中で約10か月かけて大きくなり、生まれます。

### 4〜7週（約2か月ごろ）

身長：2〜3cm
体重：約4g

頭と体にわかれ、少しずつ人間らしくなります。脳や心臓、神経などの基本的な仕組みができる時期です。

### 16〜19週（約5か月ごろ）

身長：25cmくらい
体重：約150〜300g

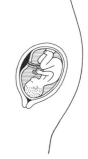

頭の大きさがニワトリの卵くらいになります。のびやキックをして動き、それをお母さんが感じることがあります。

### 24〜28週（約7か月ごろ）

身長：35cmくらい
体重：500〜1000g

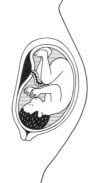

つめも生えてきて、心臓や肺などの機能も完成に近づきます。目を開けたり閉じたりもしています。外の光や音に反応するといわれています。

### 35〜38週（約10か月ごろ）

身長：48〜50cm
体重：2800〜3200g

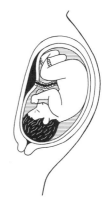

大きくなって、子宮がきゅうくつになり、頭を下にした姿勢で落ち着いています。内臓の機能もほとんど完成し、いつ生まれてもいい準備をしています。

## 「おへそ」の秘密

赤ちゃんが生まれてくるとき、おへそには50cmくらいのひものようなものがついています。それを「へそのお」といいます。私たちは、生まれるまでの間、お母さんのおなかの中で、へそのおを通じて、お母さんから栄養や酸素をもらって成長していたのです。

# 第10章 脳・心の成長とコミュニケーション

## 脳のつくり

脳は、「右脳」と「左脳」からできていて、ほぼ左右対称です。また「大脳」、「小脳」、「脳幹」にわけられ、それぞれ働きが異なります。

**大脳** 脳全体の重さの約80％をしめています。大脳の表面は大脳皮質と呼ばれ、人間らしい行動や思考を生み出します。大脳はたくさんのしわがあり、広げると新聞紙約1ページ分の大きさになります。

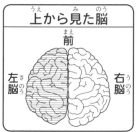
上から見た脳

**小脳** 重さは150g程度で、筋肉の運動を調整したり、運動パターンを学習したりします。たとえば、自転車の乗り方を覚えるとずっと乗れるようになるのは、小脳で運動パターンを学習しているためです。

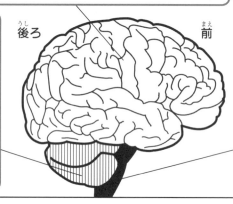

**脳幹** 呼吸をしたり、心臓の動きをコントロールしたりするなど、私たちの命に欠かせない大切な役割をになっています。

## さまざまな働きをする「大脳」

大脳の表面の「大脳皮質」は場所によって「前頭葉」、「側頭葉」、「頭頂葉」、「後頭葉」に分けられ、それぞれ異なった働きをしています。

**前頭葉** 喜んだり、おこったり、悲しんだり、楽しんだりするなどの感情を生み出し、物事を推測したり、思考したりする場所です。言葉を発するときの判断にも関わっていて、人間らしい思考や活動の中心的役割をになります。

**頭頂葉** 痛みや冷たさなど、体で感じ取った情報を受け取る働きなどがあります。

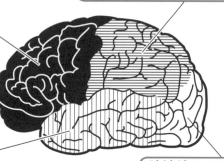

**側頭葉** 私たちが見たり聞いたりした情報を記おくして、たくわえる働きなどをしています。また、耳から入った音や鼻から入ったにおいの情報を受け取ります。

**後頭葉** 目から入った情報を受け取る働きなどがあります。

## 海馬の働き

「海馬」は右脳と左脳に1つずつあり、勉強などで得た情報を記おくして脳に定着させる働きがあります。

特に、興味のある情報が入ると、海馬の中での神経細胞の働きがよくなるので、勉強も興味を持ってすることで、記おくが脳に定着しやすくなり、効率的に学習することができます。

### 脳の断面

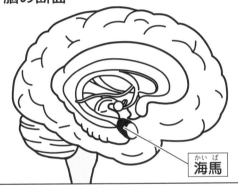

## 動物の脳と比べてみよう

脳は、進化の中で形を変えてきました。特に感情や思考に関係する「大脳」の割合が大きくなっています。

**サカナ**

大脳

**ヘビ**

大脳

**ネズミ**

大脳

**ヒト**
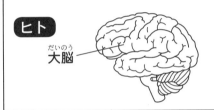
大脳

## 「心」の発達

「心」は「感情」、「思考力」、「社会性」などがそれぞれ関わり合って発達していきます。これらの働きは、脳の中で行われていると考えられます。

### ■感情の発達
小さいころは感情をおさえられずに、泣いたり、おこったりしていたのが、成長する中で、感情をコントロールできるようになっていきます。

### ■思考力の発達
成長する中で、学習や経験を通して、話す力や聞く力、考える力が発達します。

### ■社会性の発達
私たちは、成長するにつれて、相手を理解し、協力することや、きまりを守ることができるようになります。

## 「心」と「体」はつながっている？

　不安やなやみがあるときは、やる気が出ず、体調が悪くなることがあります。一方でうれしいときは、やる気が出て、自然に体も動きます。また、体の調子がよいと、気持ちも明るくなります。

　このように心（脳）と体はたがいにえいきょうし合っています。

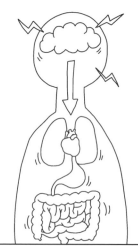

### 心と体がえいきょうしている例

友だちとけんかをして、食欲がない。

大事な試合の前で、きんちょうしておなかが痛い。

## なやみやイライラがあるときは？

　毎日の生活の中で、楽しいことだけではなく、不安になったり、なやんだりすることが出てきます。不安やなやみを軽くして、自分がリラックスできる方法を考え、ためしてみましょう。

### なやみや不安を軽くする方法の例

・運動をする
・友だちと遊ぶ

・休養をとる
（すいみんをとる）

ものや人に当たってはいけません

・音楽をきく

・周りの人に相談する

## イライラやきんちょうが落ち着く「腹式呼吸」

人間には、おなかの筋肉を使う「腹式呼吸」と胸の筋肉を使う「胸式呼吸」という2つの呼吸方法があります。イライラしているときなどは、胸式呼吸になっていることが多いので、ゆったりとした腹式呼吸を行うことで、リラックスできます。

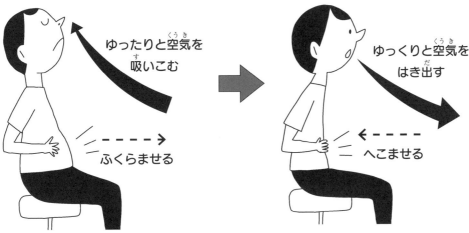

① 軽く口を閉じ、鼻から「1・2」のリズムで体に力が入らない程度にゆったりと空気を吸いこみます。おなかに手を当ててふくらむのを確かめながら行います。

② 軽く口を開け、口から「3・4・5・6」のリズムでゆっくりと空気をはき出します。おなかがへこんでいるのを確かめながら行います。①と②を4〜5回くり返します。

## なやみや不安を相談できる人はいますか？

なやみや不安があるときは、家族や友だち、先生などに相談しましょう。また、もし不安やなやみを持っている友だちがいたら、話を聞いてあげましょう。その際には、友だちの顔を見て話し、いっしょに考えてあげることが大切です。

★自分に合った相談相手を見つけましょう
・家族
・友だち
・担任の先生
・保健室の先生
・スクールカウンセラー
・電話相談　など

## 「笑い」は健康のもと

「笑うこと」は最も手軽なストレス解消法です。

ストレスがたまり、イライラしているときは「交感神経」と呼ばれる神経が活発に働いています。笑うことで「副交感神経」と呼ばれる神経が活発に働き、リラックスした状態になります。

また、笑うことで体を病気から守る「NK細ぼう」の働きを活発にします。

## 「泣くこと」も大切です

すごくなやんでいたときに、泣いたらスッキリした経験はありませんか？

なみだの成分には、ストレスホルモンも入っていて、泣くことで、なみだとともに流してしまうことができるといわれます。

ストレスがたまったときは、思いっきり泣いてなみだを流してみるのも、ストレスを解消する方法の1つです。

## 「うつ」って何だろう？

「うつ」状態とは、心と体を動かすエネルギーが切れた状態で、やる気が出なかったり、落ちこんだりするときもあれば、イライラしたり、投げやりな気分になったりすることもあります。

また、うつ状態が2週間以上続く場合は「うつ病」の可能性があります。

回復するには、休養をとって、専門家に相談して対処することが大切です。

## 「うつ」チェックリスト

- ☐ 落ちこんだり、イライラしたりする
- ☐ 身長がのびているのに体重が増えない
- ☐ 楽しいと感じることがない
- ☐ ねむれない、もしくはねむり過ぎる
- ☐ 行動がおそくなった
- ☐ つかれを感じる
- ☐ 気力がわかない
- ☐ 集中力がなくなった
- ☐ 死について考えたり、口にしたりする

当てはまるものが複数あり、長く続く場合は「うつ病」の可能性があります。

# 「リフレーミング」って何だろう？

コップに飲み物が半分入っているときに、「半分しか入っていない」と思ったときと、「半分も入っている」と思ったときでは気持ちが変わってきませんか？

自分の心の中で思っていることを、見方を変えてとらえ直すことを「リフレーミング」といいます。自分で短所だと思っていることもリフレーミングすることで、長所として見直すことができます。

## 短所をリフレーミングしてみよう！

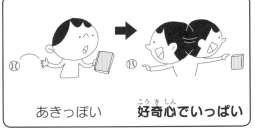

あきっぽい　→　**好奇心でいっぱい**

うるさい　→　**元気・明るい**

なかなか決められない　**しんちょうだ**

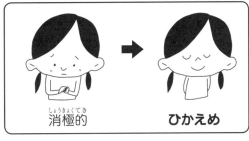

消極的　**ひかえめ**

おこりっぽい　**情熱的だ**

ほかにも
・落ち着きがない → **行動的だ**
・プライドが高い → **自分に自信がある**
・無口 → **相手の話を引き出す**

★自分の短所をリフレーミングして、長所として見いだしてみましょう。

## チクチク言葉とふわふわ言葉

「ありがとう」などの感謝の言葉やほめ言葉でうれしくなったり、逆に悪口を言われて傷ついたりしたことはありませんか?

言葉には大きな力があり、ささいな言葉でも傷つけることもある「チクチク言葉」がある一方で、相手を元気にさせたり、気分をよくさせたりする「ふわふわ言葉」もあります。

**チクチク言葉**
悪口や冷やかし、おどし文句など
「ばか」など

**ふわふわ言葉**
感謝の言葉、ほめ言葉、あいさつなど
「ありがとう」「すごいね」など

## ふわふわ言葉を集めよう

悪口など相手を傷つける「チクチク言葉」に対して、相手を元気にさせる言葉を「ふわふわ言葉」といいます。「ふわふわ言葉」は、「ありがとう」などの感謝の言葉やほめ言葉、日ごろのあいさつなどもふくまれています。

「ふわふわ言葉」を集めて、会話の中で積極的に使ってみましょう。

- ・ありがとう
- ・どういたしまして
- ・だいじょうぶ?
- ・がんばってるね
- ・優しいね
- ・さすがだね
- ・おはよう!
- ・こんにちは
- ・いっしょに遊ぼう!
- ・かっこいいね(かわいいね)
- ・ごめんなさい
- ・上手だね

# 自分の考えをきちんと伝えよう

自分の考えを友だちなどに伝えるとき、どのように伝えますか？

自分の考えを伝える「自己表現」には3つのタイプがあります。自分のことだけを考えて相手の考えを無視する「こうげき的な自己表現」、自分より相手の言い分を優先する「受け身的な自己表現」、そして自分も相手も「おたがいを大切にする自己表現（アサーション）」です。

（例）友だちから「サッカーをして遊ぼう」とさそわれましたが、自分はドッジボールがしたいと思っています。そのとき、どのように相手に伝えればよいでしょうか？

### 「こうげき的な自己表現」の場合

友だち「サッカーやろう！」
自分「ドッジボールでないといやだね」

言った直後は自分では満足しますが、相手はいやな思いをするため、はなれていってしまいます。

### 「受け身的な自己表現」の場合

友だち「サッカーやろう！」
自分「（ドッジボールがやりたいけど…）
　　　サッカーで別にいいよ…」
友だち（ぼくと遊ぶのがいやなのかなあ…）

本当の気持ちを伝えずにがまんすると、自分自身はストレスがたまり、相手にも不信感が生まれることもあります。

### 「おたがいを大切にする自己表現（アサーション）」の場合

友だち「サッカーやろう！」
自分「○○君はサッカーがやりたいんだね。
　　　でもぼくはドッジボールをしたいなあ。
　　　どうしようか？」
友だち「ほかのみんなにも聞いてみよう」

相手の気持ちを大切にしながら、自分の考えもきちんと伝えることで、おたがいに納得ができる結論に結びつけることができます。

# 第11章 アレルギー

## アレルギーとは？

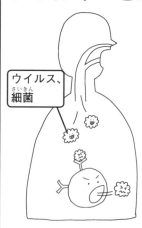

私たちの体には病気の原因となるウイルスや細菌が体に入ったとき、それをこうげきしてやっつけてくれる「めんえき」という仕組みがあります。

しかし「めんえき」が、小麦粉などの食品や花粉などにも反応して、こうげきしてしまい、不快な症状を起こすことがあります。これが「アレルギー」です。

## 主なアレルギーの原因（アレルゲン）

### 花粉・こん虫

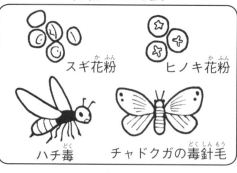

スギ花粉　ヒノキ花粉　ハチ毒　チャドクガの毒針毛

### 食品

乳製品　小麦粉　卵　エビ　ピーナッツ

### ハウスダスト

ダニ　ちり　カビ　ペットの毛

### 化しょう品・薬品

ぬり薬　飲み薬　消毒薬　リップクリーム　ハンドクリーム　洗ざい

## 気管支ぜんそく

アレルギーを起こす物質を吸いこむことで、のどのおくの空気が通る道（気管支）がはれてせまくなり、せきこんだり、息苦しくなって、呼吸に「ゼーゼー」「ヒューヒュー」と音が出たりします。

発作がないときは、ふつうに生活できますが、激しい運動の後や気温が冷えこんだときなどに、急にせきこんだり、息苦しくなってうずくまったりします。

## アトピー性皮ふ炎

アトピー性皮ふ炎は、皮ふがカサカサにかわいて、強いかゆみが出たり、赤いぶつぶつが出たりします。

症状は額や目の周り、首、おなか、ひじ、ひざなど体のさまざまな場所に出て、くり返し起こります。

症状を悪化させないために、ストレスをためずに、衣服や下着は木綿の素材を選び、こまめに洗たくして、外に干すことなどが大切といわれています。

## アレルギー性結膜炎、鼻炎

ほこりやダニなどのアレルギー物質が原因で、目が赤くなったり、かゆくなったりするなどの症状が出るのが「アレルギー性結膜炎」で、くしゃみや鼻水、鼻づまりが起こるのが「アレルギー性鼻炎」です。

症状は軽い場合が多いですが、目のかゆみが強かったり、くしゃみや鼻づまりが続いて日常生活にえいきょうが出る場合は病院でみてもらいましょう。

## じんましん

皮ふが、突然かゆみとともに赤くなったり、はれたりすることもあります。

手や足、体など皮ふのどこにでも出ますが、皮ふのやわらかい部分に出やすく、かゆくて引っかくと、はれや赤みがひどくなります。

子どもの場合、原因は卵や牛乳、小麦などの食物によるものが最も多く、ほかにも虫などにさされたり、体が冷えたり、気温が急に下がったりしたときに起こることがあります。

## こん虫アレルギー

こん虫アレルギーには、ダニの死がいやふんなどを吸いこむことでアレルギーを起こす場合と、ハチやカなどにさされて、アレルギーを起こす場合とがあります。

特にハチにさされたときは、全身にじんましんが出たり、おう吐や呼吸困難を起こしたりするなどのアナフィラキシーの症状を起こすこともあるので注意が必要です。

## 食物アレルギー

食物アレルギーとは、小麦や乳製品、卵、ピーナッツ、果物、エビやカニなどを食べたり、ふれたりしたときに、皮ふのはれやかゆみ、おう吐や腹痛、せきなどの症状が起こる病気です。

食べた後すぐに症状が出る場合もあれば、食べた後運動をしてから症状が出る場合もあります。

食べた後に具合が悪くなる食べ物があるときは、食物アレルギーの場合があるので、病院で調べてもらう必要があります。

### 食物アレルギーの原因となる食物

小麦製品（パン、スパゲッティなど）

牛乳、乳製品

卵

ピーナッツ

果物（キウイフルーツ、りんご、バナナなど）

エビ

カニ

**そのほか**
・そば
・魚の卵（イクラなど）
・魚　など

## 食物アレルギーの主な症状

食物アレルギーは、以下のような症状が出ます。

> 皮ふ…皮ふのはれ、じんましん
> 目…じゅう血、まぶたのはれ、かゆみ
> 鼻、のど…くしゃみ、鼻水、鼻づまり
> 口…くちびるのはれ
> 消化器…吐き気、おう吐、腹痛、げり

さらに、症状が全身に広がり、呼吸困難や血圧低下、意識障害などの重い症状を起こすこともあります。

そのため、アレルギー症状が出たら、先生かおうちの人に知らせ、適切に対処してもらうことが大切です。

## 「アナフィラキシー」とは

アレルギーの原因となる食品を食べたり、ふれたりした後や、ハチにさされた後で、じんましんや強いかゆみ、腹痛、おう吐、げり、激しいせきなど、体中にアレルギーの症状が広がって出ることを「アナフィラキシー」といいます。

さらにアナフィラキシーの中で、呼吸困難や血圧の低下、意識を失うなどの症状が起こる一番危険な状態を「アナフィラキシーショック」といい、最悪の場合、死に至ることもあります。

> また「(食物依存性) 運動誘発アナフィラキシー」と呼ばれる、食事の後に運動をしたことがきっかけでアナフィラキシーが起きることがあります。

## エピペン®の使い方

①安全キャップを外す

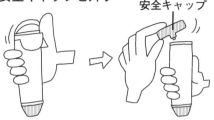

けい帯用ケースのカバーキャップを指でおし開けてエピペン®を取り出し、エピペン®の真ん中をしっかりとにぎり、安全キャップを外して、ロックを解除します。

②エピペン®の中心をしっかりとにぎる

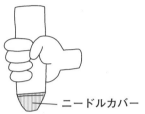

オレンジ色のニードルカバーを下に向け、エピペン®を利き手で持ちます。

③太ももの中心から外側あたりに、注射する

「カチッ」と音がするまで、エピペン®を太ももにおし当てて、3〜10秒間待って、エピペン®をぬきます。

④先たんがのびているのを確認する

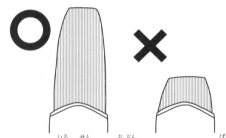

オレンジ色の先たん部分がのびていない場合は、注射がきちんと打てていないので②からやり直します。
使用後は先たんからけい帯用ケースに入れます。

参考　ファイザー製薬「エピペンの使い方かんたんガイドブック」

## 食物アレルギーは「好ききらい」ではありません！

「食物アレルギー」は「好ききらい」とはちがって、特定の食べ物を食べたり、ふれたりすると、口や皮ふがかゆくなったり、気分が悪くなったりします。

そのため、食物アレルギーのある人に、アレルギーを起こす原因となる食べ物を無理にすすめないようにみんなで注意しましょう。

また、飛び散った牛乳などにふれて、アレルギーを起こすことがあるので、給食はぎょうぎよく食べましょう。

もし、友だちがアレルギーの症状を起こし、気分が悪くなったら、すぐに近くにいる先生や大人に伝えましょう。

## 「花粉症」って何だろう？

花粉症は、スギやヒノキなどの花粉が、目や鼻のねんまくについて、目のかゆみやくしゃみ、鼻水、鼻づまりなどの症状を起こすアレルギーです。

かぜの症状と似ていますが、かぜが数日で治るのに対して、花粉症は、原因となる花粉が飛んでいる間は、症状が出続けます。

症状が長い間続く場合は、耳鼻科でみてもらいましょう。

・目のかゆみ
・鼻水・鼻づまり
激しいくしゃみ

## 花粉症の原因となる植物は？

花粉症の原因となる花粉を飛ばす植物は、多くの種類があり、飛ぶ時期もちがいます。

スギ、ヒノキ（1～5月）

ブタクサ、ヨモギ（7～12月）

**そのほか**
ハンノキ（1～6月）
シラカンバ（3～6月）
イネ（一年中）
など
※地域によっても、花粉の飛ぶ時期がちがいます。

## 花粉症を予防するには

花粉症を軽くするためには、目や鼻などから花粉が入らないようにすることが大切です。

外出時は、めがねやマスクなどで目や鼻を守り、家に入る前に服についた花粉を落としましょう。家に入ったら、手洗い、うがい、洗顔を行いましょう。

外出するときは花粉がつきづらい服装にする

ぼうし
めがね
マスク
さらさらした素材の服

室内に入る前に花粉をはらい落とす

窓を閉める（花粉の飛ぶ量が少ない朝にかん気を行う）

# 第12章 おしゃれ障害

## カラーコンタクトレンズ

近年、ファッションの一部として「カラーコンタクトレンズ」が出回っていますが、不良品も多く、使用すると、目に痛みが出たり、まぶたの裏側がはれたり、ひとみの表面にある「角膜」を傷つけたりすることがあります。

カラーコンタクトの使用は絶対にやめましょう。

## アイメイク

目の周りの皮ふはうすいので、二重けしょう品や付けまつ毛、マスカラなどでけしょうをすると、まぶたがかぶれたり、目に痛みが出ることがあります。

また、まつげの近くになみだが出る部分（るいせん）があり、そこにアイラインを引くと、なみだが出なくなって目がかわいてかゆみが出ることもあります。

## 金属（ピアス、ネックレス）

ピアスやネックレスなどの金属に皮ふが反応して、アレルギーを起こし、はれたり、かゆみが出たりすることがあります。特に、皮ふに直接穴を開けるピアスは、穴から細菌が入り、赤くはれ上がってしまうこともあります。

子どものうちは、特に皮ふが弱いため、使わないようにしましょう。

## 毛染めざい

毛染めざいには多くの化学物質が使われており、かみの毛が傷つくだけではなく、頭皮がアレルギーを起こしてかぶれてしまい、赤くはれて、かゆくなることがあります。

また、毛染めざいに入っている化学物質の中には「がん」を起こしやすくする物質が入っていることもあります。

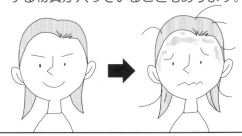

## けしょう品

子どものうちは皮ふがうすく弱いため、けしょう品に入っている化学物質によって、アレルギーを起こし、皮ふがかぶれてひりひりしたり、赤くはれたりすることがあります。

## 脱毛

脱毛の方法として、体の毛をそる、脱毛テープやクリームを使うなどがありますが、皮ふや毛穴を傷つけて、かぶれたり、炎症を起こしたりすることがあります。

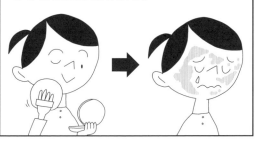
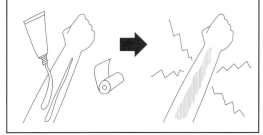

## つめ（マニキュア・付けづめ）

つめのおしゃれとして、マニキュアをぬったり、除光液で落としたり、付けづめを付けたりする中で、つめや周りの皮ふを傷つけて、はれたり、かぶれたり、つめが変形したりすることがあります。

## リップ

くちびるや口の周りの皮ふは、皮ふの中でもうすく、かぶれやすいため、リップクリームに入っている香料によって、水ぶくれのようにはれることがあるので、注意が必要です。

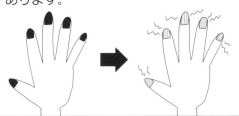
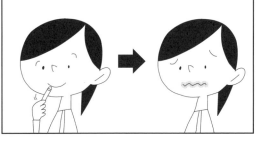

## 「おしゃれ」は大人になってから

小学生は、大人に比べて皮ふが弱いので、大人と同じようなものを身につけると、刺激が強く、アレルギーを起こしやすくなります。

金属のネックレスやピアス、まつげを持ち上げるビューラー、けしょう品、毛染めざいなどの使用はやめましょう。

# 索 引

## 【あ】
赤ちゃん……………………77
アサーション………………85
朝ごはん………… 26, 27, 29
アタマジラミ………… 63, 69
アトピー性皮膚炎…………87
アナフィラキシー……88, 89
アルコール消毒……………56
アレルギー…… 86, 87, 88, 89,
　　　　　　　　90, 91, 92, 93
胃………………………30, 31
イライラ……… 24, 80, 81, 82
インフルエンザ…… 54, 55, 56,
　　　　　　57, 58, 59, 60, 61, 62
ウイルス…… 54, 55, 59, 61,
　　　　　　　64, 65, 66, 67, 68, 86
うがい………………40, 55, 56
うつ…………………………82
うんち……27, 30, 31, 32, 33
運動… 19, 23, 28, 29, 55, 70,
　　　　　　　　　　80, 89
運動器検診…………………21
嘔吐……………11, 66, 88, 89
大雨…………………………53
奥歯……………………34, 35, 39
おしゃれ障害………… 92, 93

## 【か】
火災…………………………52
加湿……………………55, 58
かぜ(風邪)…… 54, 55, 56, 57,
　　　　　　　58, 59, 60, 61, 91
学級閉鎖……………………61
学校医………………………8
学校感染症…… 62, 63, 64, 65,
　　　　　　　　　　66, 67
過敏性腸症候群……………33
花粉症………………………91
雷……………………………53
眼科(検診)………… 8, 18, 21
換気……………… 55, 58, 91
乾燥……………… 57, 58, 59
肝臓…………………………31
危険……………… 47, 49, 53
口………………………30, 31
けが…………………9, 10, 53
結核(検査)………… 16, 20, 62
月経……………………74, 75
下痢………… 11, 33, 66, 89
健康観察…………………8, 11
健康診断…… 12, 13, 14, 15,
　　　　　16, 17, 18, 19, 20, 21

犬歯……………… 34, 35, 39
交通ルール…………………47
口内炎………………………67
心………………… 72, 79, 80
骨粗しょう症………………28

## 【さ】
細胞…………………………59
歯科(検診)… 8, 16, 17, 20, 38
子宮……………… 73, 74, 77
歯こう…………… 37, 38, 40
歯周炎………………………37
思春期………………………72
地震……………………50, 51
舌……………………………43
自転車………………………48
歯肉炎(GO)…… 17, 20, 36, 37,
　　　　　　　　　　38, 45
耳鼻いんこう科(検診)… 8, 18,
　　　　　　　　　　21
射精…………………………76
充血(目のかゆみ)…… 65, 87,
　　　　　　　　89, 91, 92
小腸……………………30, 31
食事………………27, 29, 55, 70
食道……………………30, 31
食物アレルギー…… 88, 89, 90
視力検査………………17, 21
じん臓……………………19, 21
身長………………… 14, 20, 70
心電図検査……………16, 20
じんましん……………87, 89
すい臓………………………31
睡眠…… 22, 23, 24, 25, 55, 70
頭痛………………… 9, 11, 67
ストレス……………………82
生活習慣チェック…………29
精巣(精子)……… 73, 74, 76
成長(ホルモン)… 23, 70, 71,
　　　　　　　　　　72
せき(くしゃみ)…… 60, 64, 65,
　　　　　　67, 87, 88, 89, 91
脊柱側わん症……………15, 20
接触感染……………………55
線毛…………………………59
そしゃく(かむこと)…… 27, 30,
　　　　　　　　31, 42, 43

## 【た】
体温……………………24, 58
体重……………………14, 20
大腸……………………30, 31
台風…………………………53
だ液……………… 31, 42, 43
胆のう………………………31
チクチク言葉………………84
聴力検査………………18, 21

手洗い……………… 19, 55, 56
とびひ………………………68
鳥インフルエンザ…………61

## 【な】
内科(検診)………… 8, 15, 20
悩み………………… 9, 80, 81, 82
二次性徴……………………74
尿(検査)………… 19, 21, 76
脳……… 22, 23, 26, 42, 43, 70,
　　　　　　　　74, 78, 79
のど(の痛み)… 11, 54, 57, 59,
　　　　　　　　65, 66, 67

## 【は】
歯…… 30, 31, 34, 35, 36, 37,
　　　38, 39, 40, 41, 42, 43
発熱(高熱)…… 11, 54, 58, 61,
　　　　　　64, 65, 66, 67
鼻水(鼻づまり)…… 11, 54, 64,
　　　　　　　65, 87, 89, 91
歯ブラシ………38, 39, 40, 41
歯みがき…… 12, 13, 37, 38,
　　　　　　　39, 40, 41, 44, 45
早起き………………………25
飛まつ(感染)…… 55, 57, 60
肥満……………… 24, 28, 43
腹式呼吸……………………81
腹痛…… 9, 11, 33, 66, 88, 89
フロス………………………41
ふわふわ言葉………………84
へそのお……………………77
防犯(ブザー)…………46, 47
保健室……………………8, 9
保健目標…………………… 8

## 【ま】
前歯……………… 34, 35, 39
マスク…………… 55, 57, 60, 91
水いぼ………………………68
ミュータンス菌…………36, 37
むし歯…… 17, 20, 36, 37, 38,
　　　　　　　　　42, 43
メラトニン…………………25
免疫……………… 59, 63, 86

## 【や】
予防接種……………………63

## 【ら】
卵巣(卵子)……… 73, 74, 76
リフレーミング……………83

# 参 考 文 献

「児童生徒の健康診断マニュアル（改訂版）」文部科学省スポーツ・青少年局学校健康教育課 監修　財団法人日本学校保健会
「『生きる力』をはぐくむ学校での歯・口の健康づくり」文部科学省
「小学館の図鑑 NEO 13　人間 いのちの歴史」松村讓兒・唐澤真弓・今崎和広 指導執筆　小学館
「友だちを『傷つけない言葉』の指導—温かい言葉かけの授業と学級づくり」赤坂真二 著　学陽書房
「月刊学校教育相談」2005年2月号 ほんの森出版
「たのしいほけん 3・4年」「たのしい保健 5・6年」大日本図書
「みんなのほけん 3・4年」「みんなの保健 5・6年」学研
「新しいほけん 3・4年」「新しい保健 5・6年」東京書籍
「小学ほけん 3・4年」「小学保健 5・6年」光文書院
「わたしたちのほけん 3・4年」「わたしたちの保健 5・6年」文教社

「『ほけんだより』のつくり方ガイドブック」高石昌弘 監修・序文　出井美智子・坂田昭恵・藤江美枝子 共著
「早起き 早寝 朝ごはん」香川靖雄・神山潤 共著／「しっかり食べよう朝食」小川万紀子 著
「元気のしるし 朝うんち」辨野義己・加藤篤 共著／「新・生活習慣病」平山宗広・村田光範 共著
「行動科学を生かした保健の授業づくり」戸部秀之・齋藤久美 共著
「たんけん はっけん じぶんの歯」丸森英史 著／「どんどん はえる じぶんの歯」丸森英史 著
「みんな そろった じぶんの歯」丸森英史 著
「ずっと ずっと じぶんの歯」丸森英史・武内博朗 監修
「歯・口の働きとつくり」眞木吉信 著／「育てよう かむ力」柳沢幸江 著
「かぜとインフルエンザ」岡部信彦 著
「学校保健安全法に沿った感染症」〈最新改訂13版〉岡部信彦 著
「園・学校でみられる子どもの病気百科」内海裕美 監著、川上一恵・松田幸久 共著
「思春期の月経」堀口雅子 監著　板津寿美江・江角二三子・鈴木幸子 著
「ドキドキワクワク性教育1 赤ちゃんはどこからくるの？」平原史樹 監修
「ドキドキワクワク性教育3 女の子が大人になるとき」早乙女智子 監修
「ドキドキワクワク性教育4 男の子が大人になるとき」岩室紳也 監修
「思春期の精神疾患」佐々木司・竹下君枝 著
「学校現場の食物アレルギー対応マニュアル」小俣貴嗣・井上千津子 監著
「先生と保護者のための子どもアレルギー百科」向山徳子 著／「おしゃれ障害」岡村理栄子 編著
「小学保健ニュース」「中学保健ニュース」「高校保健ニュース」「心の健康ニュース」
「安全教育ニュース」「子ども防犯ニュース」「トイレの使い方 女子エチケット編」
　以上少年写真新聞社

「結核Q＆A」公益財団法人結核予防会ホームページ　http://www.jatahq.org/about_tb/index3.html
「守ろう！ 自転車安全利用五則」政府公報オンライン
http://www.gov-online.go.jp/featured/201105/contents/5_gensoku.html
「あなたを守る119」東京消防庁ホームページ　http://www.tfd.metro.tokyo.jp/lfe/topics/119/
「119番の正しいかけ方」総務省消防庁ホームページ　http://www.fdma.go.jp/html/life/tel.html
「消火器の正しい使い方」総務省消防庁ホームページ　http://www.fdma.go.jp/html/life/fireext.html
「発達した積乱雲による災害・事故から児童生徒を守るために」気象庁ホームページ
http://www.jma.go.jp/jma/kishou/books/cb_saigai_dvd/siryo/guide.pdf

**監修者**

**戸部 秀之**（とべ　ひでゆき）

| | |
|---|---|
| 1995 | 東京大学大学院教育学研究科博士課程修了 |
| 1995〜1999 | 大阪教育大学教育学部　助手 |
| 1999〜2006 | 埼玉大学教育学部　助教授 |
| 2006〜 | 埼玉大学教育学部　教授　現在に至る |

専門分野：健康教育学、学校保健学

**齋藤 久美**（さいとう　くみ）

国立大学法人筑波大学附属小学校養護教諭
埼玉県鴻巣市、旧大宮市、さいたま市の公立小学校で養護教諭として勤務した後、2009年より現職。

**イラスト**

**イクタケ　マコト**

学校教師を経て、イラストレーターへ。
教師の経歴を活かし教科書や教材、児童書はもとより、雑誌、テレビ、ゲームなど幅広く活動。
「たのしいせいかつ」「たのしいほけん」「中学数学」大日本図書
「小学生の未来学習」実業之日本社
「チャレンジ　太陽系」少年写真新聞社
著書に「中学高校イラストカット集」（学事出版）、「カンタンかわいい　小学校テンプレート＆イラスト」（学陽書房）ほか。

---

**ほけんイラストブック 小学校編 上巻**

2018年8月10日　初版第2刷発行
発行人　松本　恒
発行所　株式会社 少年写真新聞社
　　　　〒102-8232　東京都千代田区九段南4-7-16　市ヶ谷KTビル I
　　　　Tel（03）3264-2624　Fax（03）5276-7785
　　　　http://www.schoolpress.co.jp
印刷所　大日本印刷株式会社
ⒸShonen Shashin Shimbunsha 2015 Printed in Japan
ISBN 978-4-87981-510-1　C3037

本書を無断で複写・複製・転載・デジタルデータ化することを禁じます。
乱丁・落丁本はお取り替えいたします。定価はカバーに表示してあります。

スタッフ　編集：小学保健ニュース編集部　DTP：木村 麻紀　校正：石井 理抄子／編集長：東由香